마스터 M과 교과서 대모험 2 사회 편 줄거리

환이와 다솜이는 학교 도서관에서 고양이 미오를 따라 환이의 교과서 속으로 빨려 들어간다. 수상한 마법사 마스터 M은 환이가 마구 낙서를 한 탓에 교과서 세상이 엉망이 되었다며, 자신이 내는 문제를 맞혀 교과서 세상을 원래대로 되돌리지 않으면 이곳에 영영 갇히게 된다고 말한다. 다솜이는 힌트를 줄 수 있을 뿐, 결국 교과서 주인인 환이가 답을 찾아야 한다. 환이는 다솜이와 미오의 도움으로 교과서 기초 개념과 어휘를 익혀 마스터 M의 시험에 무사히 통과한다. 환이와 다솜이는 현실 세계로 돌아오지만, 마스터 M의 마법에 걸린 미오는 교과서 세상에서 탈출하지 못하는데……

글 김성효 | 그림 정수영

주니어김영사

안녕하세요, 어린이 여러분. 《마스터 M과 교과서 대모험》에서 다시 만나게 되어서 반가워요. 이 책을 쓴 성효쌤이에요. 선생님은 초등학생을 17년 동안 가르쳤는데요. 수학을 가르치면서 아이들에게 자주 듣는 말이 있어요.

"선생님, 수학은 왜 이렇게 어려운 거예요?"

수학에서 왜 늘 정답이 하나뿐이고, 왜 그 정답을 향해 꼭 정해진 방법으로만 가야 하는지, 아이들은 종종 답답해하지요.

수학에는 단 하나의 길만 있는 듯 보이지만, 사실 수학은 생각의 모험이에요. 선생님은 아이들의 고민을 듣고 수학의 재미를 어떻게 알려 줄 수 있을까 고민했어요. 하루는 이런 상상을 해 보았어요. '수학이 이야기 속 세계라면 어떨까? 모험을 통해서 아이들이 자연스럽게 수학의 원리를 발견한다면 얼마나 재미있을까?'

그렇게 이 동화가 태어났어요. 이야기의 주인공은 환이와 다솜이, 그리고 그들을 신비한 수학 세계로 안내하는 검은 고양이 미오예요. 이 셋은 교과서 속 수학 개념들이 살아 숨 쉬는 세계로 들어가, 마법처럼 엉켜 있는 수학 문제들을 풀어 가며 성장합니다.

선생님은 수학을 단순히 '외우는' 것이 아니라, '느끼고, 생각하고, 경

험하는' 이야기로 전달하고 싶었어요. 이 책에서 문제보다 이야기를 먼저 들려주고, 개념보다 모험을 먼저 펼쳐 놓는 이유예요. 이 책을 읽다 보면 어느새 깨닫게 될 거예요. 수학이 재미없는 게 아니라, 그저 수학을 재미있게 배우지 못했을 뿐이라는 걸요.

이 책을 읽는 여러분에게 하고 싶은 말이 있다면, 수학의 세계에 발을 디디면서 처음부터 잘할 필요는 없다는 거예요. 다만 환이와 다솜이처럼 포기하지 않는 마음을 갖는 게 중요해요. 환이도 처음에 수학을 어렵게만 느꼈죠. 하지만 쉬운 개념부터 차근차근 이해하고, 그것을 바탕으로 새로운 개념을 배우고, 몰랐던 문제를 하나씩 풀어 가는 즐거움을 느끼게 되죠. 수학의 즐거움은 생각하고, 시도하고, 또 실패하고, 다시 도전하는 그 과정 속에 있으니까요. 이 과정엔 자신만의 방식과 빛나는 답이 반드시 있다는 걸 선생님은 알지요.

이제 드디어 수상한 마법사 마스터 M과 검은 고양이 미오의 비밀이 드러납니다. 과연 마스터 M의 정체는 무엇일까요? 미오는 환이와 다솜이를 따라 무사히 교과서 세계를 탈출할 수 있을까요? 이제 마법의 수학 교과서 속으로 함께 모험을 떠나 봐요!

김성효 선생님

친구들을 가르치다 보면 과학이나 사회보다 발표하는 걸 어려워하는 과목이 바로 수학입니다. 그 이유는 '수학은 숫자다.'라는 생각 때문일 거예요. 사실 숫자만큼, 어쩌면 숫자보다도 더 중요한 것이 수학 용어와 수학 개념이에요. 김성효 선생님이 이번 《마스터 M과 교과서 대모험》 수학 편에서는 어떤 맛있는 개념을 어디에 숨겨 두었는지 함께 찾아볼까요? 수학 개념을 정확하게 알고, 설명하고 싶은 친구들에게 이 책을 추천합니다.

군산 술산초등학교 김진솔 선생님

아이들에게 가장 싫어하는 과목이 뭐냐고 물으면, 열에 아홉은 수학이라 답합니다. 이유는 복잡하고 어려워서라고 해요. 어떻게 하면 이 아이들에게 수학은 재미있는 과목이라고 말해 줄 수 있을까요? 그 답이 이 책에 있습니다. 아이들이 환이와 다솜이와 함께 즐거운 모험을 떠나듯이 수학 공부를 할 수 있을 거예요.

초등 교사, 『고글래퍼 이호문』 작가 이서윤 선생님

27년간 초등학교 교실에서 아이들과 함께 호흡해 온 김성효 선생님이 이번에는 수학이라는 딱딱한 교과 개념을 이야기에 녹여 문해력과 수학적 사고력을 동시에 길러 주는 특별한 동화를 만들었습니다. 수학이 어렵고 지루하게 느껴졌던 아이들이라도 이야기 속에 자연스레 녹여 낸 수학 개념과 어휘를 재미있게 익힐 수 있습니다. 교과 공부를 뛰어넘어, 생각하는 힘을 키우고 싶은 모든 초등학생 친구들에게 이 책을 자신 있게 추천합니다.

초등 교사, 『선생님, 완벽하지 않아도 괜찮아요』 작가 유승재 선생님

등장인물

환이

그림 그리는 걸 좋아하고 까불까불 장난치는 걸 좋아하는 평범한 아이. 교과서 세상에서 벗어나기 위해 열심히 노력한다.

다솜이

신중하고 차분한 성격을 가진 모범생. 교과서 세상에서는 환이의 학습 도우미로 활약한다.

마스터 M

교과서 세상을 엉망으로 만든 주인공이다. 환이와 다솜이 그리고 검은 고양이를 지켜보며 호시탐탐 위기에 빠트릴 기회를 엿본다.

검은 고양이

환이가 자신의 교과서에 직접 그린 고양이로 이름이 '미오'이다.

차례

작가의 말 • 4

교과서 세상 속으로 • 10
꼬꼬무 어휘 ❶

뒤죽박죽 수학 교과서 • 22
꼬꼬무 어휘 ❷

도형을 찾아라 • 36
꼬꼬무 어휘 ❸

각도와 각도기 • 50
재미있는 수학 이야기

분수의 나라 ❶ • 60
꼬꼬무 어휘 ❹

분수의 나라 ❷ · 78
재미있는 수학 이야기

도형의 나라 · 88
꼬꼬무 어휘 ❺

배수가 뭐야? · 104
재미있는 수학 이야기

약수를 맞혀라 · 116
꼬꼬무 어휘 ❻

규칙을 찾아라 · 130
재미있는 수학 이야기

운동장의 넓이를 구해라 · 146

다시 현실 세상으로 · 162

교과서 세상 속으로

우르릉 쾅쾅, 도서관 창밖으로 요란하게 천둥이 쳤다.

"아이, 깜짝이야."

환이는 화들짝 놀라서 다솜이 옆에 바짝 붙어 섰다. 우르릉거리는 천둥소리와 쏴아아 내리는 빗소리 외에 도서관 안팎은 조용했다. 반 아이들은 모두 이미 교실로 돌아간 모양이었다.

방금까지 환이와 다솜이는 환이의 낙서투성이 교과서 속 세상에 있었다. 둘은 수상한 마법사 마스터 M이 낸 온갖 문제들을 푼 끝에 가까스로 바깥 세계로 돌아올 수 있었다.

다솜이가 환이를 돌아보며 다급히 말했다.

"환아, 우리 다시 교과서 속으로 들어가자. 지금이 아니면 기회가 없을지도 몰라."

환이와 다솜이는 무사히 빠져나왔지만 둘을 도와주었던 신비한 검은 고양이 미오는 마스터 M에게 다시 잡혀가고 말았다. 다솜이는 지금 그 미오를 구해 주러 교과서 세상으로 돌아가자는 거였다.

"다솜아, 꼭 이렇게까지 해야 해?"

"미오가 우리를 많이 도와줬잖아. 이번엔 우리가 교과서에 갇힌 미오를 구해 주자."

다솜이는 이미 마음을 굳힌 듯 환이의 수학 교과서를 품에 꼭 안고 있었다. 환이가 몸을 배배 꼬며 망설이듯 말했다.

"다른 애들은 다 교실로 갔어. 선생님이랑 애들이 우리를 기다릴걸?"

환이가 도서관 벽에 걸린 시계를 힐끗 쳐다보았다. 시계는 맨 처음 환이와 다솜이가 교과서 세상에 들어갔을 때부터 10분가량 지나 있었다.

"우리가 교과서 속으로 들어가면 바깥 세계 시간이 흐르지 않아. 너도 알면서……."

다솜이가 말하다 말고, 아하, 하면서 환이를 흘겨보았다.

"환이 너, 마스터 M이 무서워서 그러는 거지?"

환이가 입을 쭉 내밀었다.

"누가 마스터 M이 무섭대? 마스터 M이 내는 문제가 어려워서 그렇지. 힝, 난 수학은 정말 자신 없단 말이야."

"그러니까 누가 수업 시간에 딴짓하래? 이게 모두 네가 교과서에 낙서하면서 벌어진 일이잖아."

다솜이의 잔소리가 한바탕 이어졌다.

"아유, 잔소리. 알았어, 알았다고. 해 보자."

환이가 귀를 후비면서 마지못해 대답했다. 환이의 미적지근한 반응에 다솜이가 씩씩거리며 환이에게 물었다.

"넌 미오가 평생 고양이로 살면 좋겠어? 미오도 집으로 돌아가야지."

환이는 자신도 모르게 고개를 끄덕였다. 다솜이 말이 맞았다. 미오도 환이와 다솜이처럼 얼떨결에 교과서 세상으로 빨려 들어갔다가 마스터 M의 마법에 걸려 고양이가 되었다고 했다. 환이와 다솜이가 구해 주지 않는다면 미오는 평생 교과서 세상에서 살아가야 할지 몰랐다.

"그래. 네 말이 맞아. 근데 내가 진짜 잘할 수 있을까?"

환이의 자신 없는 목소리에 다솜이는 수학 교과서를 팔랑팔랑 넘겨 보았다. 환이는 자신의 교과서가 어떤 상태인지 보지 않고도 알았다. 과학, 사회 교과서 못지않게 여기저기 낙서투성이었다. 환이가 한숨을 내쉬었다.

"이게 다 우리가 해결할 문제인 거잖아."

"환아, 너무 걱정하지 마. 우리는 마스터 M의 시험을 두 번이나 통과했잖아. 이번에는 당황하지 않고 잘할 수 있을 거야."

다솜이의 격려에도 환이는 고개를 저었다.

"지금은 미오도 없잖아. 미오 없이 수학 교과서로는 또 어떻게 들어가?"

이제까지 미오는 열쇠, 크레파스와 같은 마법의 연결 고리를 통해 환이와 다솜이에게 교과서 세상의 문을 열어 주었다. 환이와 다솜이가 현실로 무사히 돌아올 수 있었던 것도 미오 덕분이었다.

"아, 미오가 준 금화! 거기에 힌트가 있을 거야."

다솜이의 말에 환이가 쥐고 있던 손을 펼쳐 보았다. 환이와 다솜이가 사회 교과서를 탈출할 때 미오가 남긴 것이었다. 작은 금화는 어둠 속에서도 밝게 빛나고 있었다.

다솜이가 흥분해서 눈을 반짝였다.

"금화는 교과서 세상에서 문제를 풀 때마다 마스터 M이 보상으로 준 거잖아. 이걸로 거기서 마법의 아이템을 살 수도 있었고. 그러니까……."

"네 말은, 여기에 마스터 M의 마법이 깃들어 있을지 모른다는 거지?"

환이가 바로 다솜이의 말을 알아듣고 씨익 웃었다. 그러더니 금화를 이리저리 뒤집어 보며 생각에 잠겼다.

"그런데…… 어떻게 마법을 발동시키지?"

그때 도서관 창밖으로 번쩍, 번개가 쳤다.

"어? 다솜아, 여기에 뭐라고 쓰여 있어."

환이와 다솜이는 금화에 적힌 작은 글자를 읽기 위해 눈을 가느다랗게 떴다. 둘은 이마를 찌푸린 채 한 글자씩 더듬더듬 읽었다.

"두…… 세계를……"

"하……나……로?"

순간, 금화에서 눈부신 빛이 뿜어져 나왔다.

"으아아, 그 고생을 또오오오오?"

환이의 말이 미처 다 끝나기도 전에 환이와 다솜이는 수학 교과서 속으로 빨려 들어가 버렸다. 도서관 책장 사이, 허공에서 다솜이가 들고 있던 수학 교과서가 바닥에 툭 떨어지며 펼쳐졌다. 이어 반짝 빛나는 금화가 교과서 속으로 흡수되듯 사라졌다.

수학의 역사는 인류 문명의 역사만큼 오래됐단다. 놀랍지 않니? 문명이 생기면서 사람들은 수학이 필요하다는 걸 깨달았지. **수학**(數學)은 수를 센다는 뜻의 수(數)와 배운다는 뜻의 학(學)을 합친 말이야. 말 그대로 수학은 수를 세는 것을 배운다, 수를 이해한다는 뜻이지.

수학(數學) : 수를 이해하는 학문

과학(科學) : 진리나 법칙을 발견하는 학문

천문학(天文學) : 천문(천체에서 일어나는 일이나 현상)을 연구하는 학문

천체(天體) : 우주에 존재하는 모든 물질이나 사물

 학(學)이 들어가면 뭔가를 연구하는 학문인 거네? 식품학도 있지?

어휴~. 생물학, 심리학 같은 것도 있는데. 너 먹는 데만 관심이 있지?

인류는 문자가 만들어지기 이전에 수를 세기 위해 다양한 그림을 그렸어. 지금은 사과 1개, 귤 1개, 나무 1그루 등 종류에 상관없이 하나는 모두 숫자 1이라고 표시하잖아? 문자가 만들어지기 이전엔 이걸 직접 하나하나 그려서 표시했어.

그러다가 그림 옆에 ▍ 이런 작대기를 그려서 수를 표시하게 됐지. 조금 더 추상적으로 수를 이해하게 된 거야.

하지만 여전히 불편하겠지. 큰 수를 셀 수 없으니까 말이야. 이때 필요한 게 큰 수를 셀 수 있는 단위야. 몇씩 묶어서 세는 식으로 말이야. 여기서 바로 **십진법**(十進法)이 나오게 돼.

십진법(十進法) : 0부터 9까지 10개의 숫자로 수를 표현하는 방법

일의 자릿수는 1, 2, 3, 4…… 9 이렇게 세잖아. 이때 9에서 1이 늘면 10이 되어 십의 자릿수가 생기고, 그다음부터는 1씩 늘 때마다 11, 12, 13…… 이렇게 세지. 이렇게 10을 기준으로 수를 세는 방식이 십진법이야. 놀랍게도 고대 이집트에서는 이 십진법을 이미 사용했다고 해. 물론 10만 이상은 쓸 일이 거의 없으니까 매우 많다는 뜻으로만 썼대.

십진법 외에도 수를 세는 방식은 여러 가지가 있어. 시계를 볼 때는 12를 기준으로 수를 세잖아. 12까지 세고 나면 다시 1로 돌아가 1시라고 말하지만, 이때의 1은 13시를 뜻해. 12씩 묶어 세는 방식을 **십이진법**(十二進法)이라고 부르는데, 시계도 이 구조를 빌린 거야.

십이진법(十二進法) : 0부터 11까지 12개의 숫자로 수를 표현하는 방법

육십진법(六十進法)도 있어. 초나 분을 셀 때 쓰지. 1초씩 세다가 60초가 되면 새로운 큰 단위인 1분이 되잖아. 1분씩 60을 모아서 60분이 되면 1시간이 되지.

다른 진법이 또 있냐고? 물론이지. 2씩 묶어 세는 진법도 있어. **이진법**(二進法)은 컴퓨터가 언어를 이해하는 방식이기도 해. 0하고 1로만 모든 숫자와 문자 등을 표현하지. 이걸 응용한 게 우리가 학교에서 배우는 코딩이야.

이진법(二進法) : 0과 1, 두 숫자로만 수를 표현하는 방법

수학이라는 학문을 발전시킨 가장 중요한 수는 따로 있어. 바로 **0**이야. 아무것도 없다는 뜻을 나타내기 위한 숫자 말이야. 0이 발명되면서부터 사람들은 10만, 100만, 1000만 등 큰 수를 얼마든지 표현할 수 있게 됐고, 더 정교하고 복잡한 계산을 할 수 있게 되었어. 그러면서 인류는 새로운 시대에 접어들게 돼. 인류가 지금처럼 **괄목상대**할 만큼 발전한 것도 모두 수학과 연관이 있는 거야. 어때? 수학에게 고마운 마음이 들지 않니?

괄목상대(刮目相對) : 눈을 비비고 상대를 다시 볼 정도로 발전했다는 뜻

이목구비(耳目口鼻) : 눈코입귀 등 얼굴 생김새

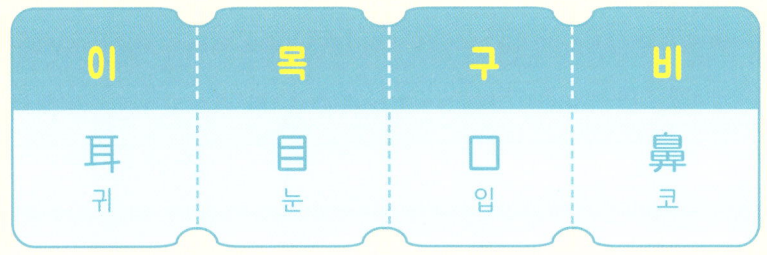

이비인후과(耳鼻咽喉科) : 귀, 코, 목구멍을 진료하는 병원

다음 보기 중 하나를 골라서 사행시 짓기를 해 볼까요.

보기: 이목구비, 괄목상대

환이
괄 : 괄호 안에 들어갈 말을 외치세요.

목 : 목이 아파도 꾹 참고 소리 질러!

상 : 상대방을 이기려면

대 : 대답이 빨라야 합니다.

나
이 :

목 :

구 :

비 :

이제 나 과학이랑 사회 실력은 괄목상대할 만큼 늘었지?

그럼. 누구랑 같이 공부했는데!

그런데 너 목소리가 왜 그래?

감기에 걸렸나 봐.
이따 이비인후과에 가야겠어.

뒤죽박죽 수학 교과서

"으아아아, 수학…… 교과서다. 내가 여기에 스스로 들어오다니…….."

환이가 고개를 절레절레 저으며 말했다.

환이와 다솜이는 수학 교과서 세상 한가운데 서 있었다. 환이의 수학 교과서 세상은 환이의 다른 교과서와 마찬가지로 뒤죽박죽이었다. 그동안 환이가 교과서 여기저기에 낙서를 해 댄 탓이었다. 환이가 마구잡이로 그린 그림이 교과서 속 질서를 어지럽혀서 교과서 세상도 무너지고 만 거였다. 환이와 다솜이가 도착한 곳에도 숫자가 허공에 대롱대롱 매달렸는가 하면 바닥에는 구멍이 뻥뻥 뚫려 있었다. 어디로 떨어질지 모르니 조심조심 걸

어야 했다.

"이게 대체……. 그러니까 네 교과서를 좀 소중히 대해 줘."

다솜이가 주위를 둘러보며 한숨을 길게 내쉬었다.

"엇, 너……."

환이가 다솜이의 머리끝부터 발끝까지 의심스러운 눈초리로 샅샅이 훑어보았다.

"너 박다솜 맞아? 진짜 박다솜 맞지?"

과학 교과서로 들어갔을 때는 말을 못 했고, 사회 교과서로 들어갔을 때는 작게 변신했던 다솜이었다. 환이의 교과서 세상이었기에 다솜이가 그곳에 들어가면 제약이 걸려 있곤 했다. 모두 교과서 세상을 지배하는 마스터 M의 마법 때문이었다. 그랬던 다솜이가 이번엔 멀쩡하다니, 환이가 의심할 만도 했다.

"그럼 내가 박다솜이지, 김다솜이겠니. 마스터 M이 우릴 이렇게 순순히 내버려둘 리 없어. 조심해."

다솜이가 소근거렸다. 다솜이의 경고에 환이의 머리카락이 쭈뼛 섰다. 마스터 M 때문에 교과서 세상에서 온갖 어려움을 겪어야 했던 환이였으니까 말이다.

"야아아옹, 야아아옹……."

그때 어디선가 가느다란 고양이 울음소리가 들려왔다. 다솜이와 환이의 눈이 허공에서 마주쳤다.

"으응? 고양이 소리잖아. 미오인가?"

환이와 다솜이는 누가 먼저라고 할 것도 없이 바닥 사이사이 뚫린 구멍을 피해 고양이 소리가 나는 곳으로 달려갔다.

과연 규칙 없이 쌓인 숫자와 도형들 뒤로 검은 고양이 한 마리가 꼬리를 동그랗게 만 채 구석에 웅크리고 있었다.

환이가 숫자와 도형 사이로 고양이와 눈을 마주쳤다.

"우아, 미오다! 진짜 미오야."

환이와 다솜이는 미오 앞을 가로막은 것들을 치워 길을 만들

어 주었다. 다솜이가 미오를 보며 다정하게 말했다.

"미오, 우리랑 같이 가자. 바깥 세상에서 사람들이 널 기다릴 거야. 교과서 세상은 마법으로 가득하지만, 이제 현실 세계로 돌아가야지. 학교도 다니고, 친구들이랑 재미있게 놀고."

"미오와 바로 만날 수 있었네. 수학 문제도 안 풀고 바로 나갈 수 있어서 이 얼마나 다행이냔 말이지."

환이가 좋아서 팔짝팔짝 뛰었다.

"미오야, 어서 나와. 우리 돌아가자."

숫자와 도형 더미 뒤에서 나온 미오를 다솜이가 와락 끌어안았다. 그런데 환이와 다솜이를 보고 좋아할 줄 알았던 미오가 어딘지 모르게 힘이 없어 보였다.

"헉, 이게 다 뭐야?"

환이의 눈이 동그래졌다. 미오의 몸에 숫자들과 그래프, 온갖 도형이 덕지덕지 달라붙어 있었다. 환이가 아무리 떼려고 애써도 소용이 없었다. 뭘로 붙였는지는 몰라도 미오의 털에 딱 달라붙어서 떨어지지 않았다.

"어떻게 이런 짓을……. 미오야, 이거 마스터 M이 한 짓이지?"

다솜이가 화가 나서 소리쳤다.

다솜이의 말에 대답이라도 하는 것처럼 허공에 투명한 창이 하나 나타났다. 마스터 M의 메시지였다.

> **위대한 개척자님,**
> **수학 교과서 세상이 뒤죽박죽되었습니다.**
> **위대한 개척자님이 문제를 맞히면**
> **모든 게 본래 자리로 되돌아갑니다.**
> **단, 제한 시간에 문제를 해결하지 못하면**
> **모두 함께 교과서 세상에 남아야 합니다.**
> **도전하시겠습니까.**

다솜이가 미오를 바싹 끌어안으며 말했다.

"당연하지. 미오를 구하려고 온 거니까."

"좋아, 도전!"

환이도 투명 창을 노려보며 외쳤다. 그러자 둘의 말을 알아들은 듯 투명 창의 글자가 스르르 바뀌었다.

> **위대한 개척자님,**
> **수학 교과서 세상에선 학습 도우미와 함께**
> **문제를 해결해 나갈 수 있습니다.**
> **두 분의 협력을 기대합니다.**

"처음부터 아무런 제약이 없다니. 으아, 대체 어떤 어려운 문제를 내려고 그러나."

두 사람이 긴장하며 문제를 기다리는데 이번에는 커다란 모래시계가 허공에 나타났다. 모래시계에서 반짝거리는 황금색 모래 알갱이들이 서서히 떨어져 내렸다.

"이건 또 뭐야? 모래시계?"

환이와 다솜이가 어리둥절한 것도 잠시, 다솜이가 환이를 보고 꺄아악 소리쳤다. 환이도 금세 다솜이의 변화를 눈치챘다.

"다솜아, 너 발 좀 봐!"

"환아, 너…… 너도!"

다솜이의 발끝이 투명하게 변해 있었다. 다솜이만 그런 게 아니었다. 환이의 손가락 끝도 살짝 투명해져 바닥이 비쳐 보일 정도였다.

"으아아아, 우리 이대로 사라지는 거 아냐?"

환이가 깡충깡충 뛰면서 소리를 질러 댔다.

"틀림없어. 이러다가 현실 세계에서 온 우리의 모습이 모두 사라져 버릴 거야."

다솜이가 입술을 깨물면서 말했다. 미오도 다솜이 품 안에서 야옹, 야옹 울어 댔다.

"으으, 어떡해! 마스터 M, 빨리 문제 내 줘!"
환이가 발을 동동 굴렀다.

> 운동장을 가로지르는
> 가장 짧은 거리의 직선을 그리세요.
> 단, 제한 시간은 10분입니다.

투명 창에 새로운 문제가 나타나는 것과 동시에 주변 풍경이 달라졌다. 환이와 다솜이는 커다란 운동장에 서 있었다.

"뭐야, 우리 학교 운동장 아냐?"

환이가 어리둥절해져 말했다. 이곳은 환이에게도 다솜에게도 익숙한 운동장이었다. 아이들이 늘 뛰어노는 놀이터도 그대로였다. 그네도 있고, 시소도 있고, 철봉도 있고, 미끄럼틀도 있었다.

"이 넓은 운동장에 어떻게 직선을 그려. 그것도 10분 안에 말이야."

"시간이 없으니 일단 해 보자. 넌 저기 끝에서부터 오고, 난 여기 끝에서 출발해서 가운데서 만나는 건 어때?"

환이가 운동장에서 발견한 나뭇가지를 부러뜨려서 다솜이에게 하나 내밀고, 자신이 반을 가졌다. 그러고는 운동장 끝에서

나뭇가지로 땅바닥에 선을 그리면서 달려갔다. 하지만 선은 삐뚤빼뚤했다.

"안 돼. 직선을 그리랬잖아."

"이 정도면 직선이라 할 수 있지 않아?"

"직선은 휘거나 구부러지지 않고 반듯한 선이야. 네가 그린 건 직선이 아니잖아."

다솜이가 환이가 그린 선에서 휘어진 부분을 가리켰다.

"그럼 어떻게 하지. 모래가 벌써 저만큼이나 떨어졌는데……."

"자도 없고, 줄도 없고, 아무것도 없는데, 무슨 수로 직선을 그리지?"

환이와 다솜이가 울상이 되었을 때, 미오가 어디선가 야옹, 하고 울었다. 새하얀 목련이 가득 핀 나무 위였다.

선(線)은 바닥에 그어 놓은 줄이나 실 같은 걸 말해. 흔히 직선과 곡선으로 나누지. **직선**(直線)은 꺾이거나 굽지 않은 곧은 선이고, **곡선**(曲線)은 부드럽게 굽은 선을 말해.

직선을 그릴 때 자를 사용하는 것도 꺾이거나 휘면 안 되기 때문이야. 만약 어딘가 조금이라도 휘면 그건 직선이 아니라 곡선이 되는 거지.

직선(直線) : 꺾이거나 굽지 않은 곧은 선
직진(直進) : 앞으로 똑바로 나아가다
선분(線分) : 두 점을 곧게 이은 선
실선(實線) : 끊긴 곳 없이 이어져 있는 선

직접(直接) : 누군가를 가운데에 끼지 않고 바로 연결되는 경우

간접(間接) : 바로 대하지 않고 누군가를 끼고 연결되는 경우

다음 단어를 넣어서 짧은 글을 지어 봐.

> **보기**: 직접, 간접, 직진, 선분, 실선

환이 : 다솜이네 집에 놀러 갔는데, 다솜이가 직접 요리를 해 주었다. 고마웠지만 맛이 없어서 깜짝 놀랐다.

다솜이 : 학교에서 햇빛 문구점까지 가려면 직진해야 한다.

나 :

햇빛 문구점은 저기까지 쭉 직진하면 돼.

직선, 곡선, 직접, 간접 중 한 단어를 골라 떠오르는 것들을 마인드맵으로 그려 봐.

도형을 찾아라

"미오, 거기서 뭐 해?"

"미오야, 우리 좀 도와줘."

환이와 다솜이가 번갈아 소리쳤다. 미오가 나무 사이로 빼꼼히 고개를 내밀더니, 허공을 빤히 내려다보았다. 자세히 보니 미오 아래쪽으로 바람을 타고 무언가가 살랑거리면서 내려오고 있었다. 순간 다솜이 눈이 커다란 접시만 해졌다. 다솜이가 순간 헉, 소리를 내며 얼음처럼 굳어 버렸다.

"거, 거미……."

새카맣고 털이 숭숭 난 거미였다. 거미는 땅에 내려오자마자 점점 커지더니 손바닥만 한 대형 왕거미가 돼 버렸다.

"으아아, 거미다, 거미!"

다솜이가 환이에게 달라붙어서 호들갑을 떨었다. 거미 배 끝에 가느다랗고 반짝이는 실이 달려 있었다.

"으윽, 웬 거미야. 난 거미는 질색이라고. 설마 우릴 공격하진 않겠지?"

그사이에도 모래시계 속 모래는 계속 흘러내리고 있었다.

"다솜아, 괜찮아. 미오가 이 거미를 보낸 거잖아."

환이는 놀라지도 않고 다솜이를 다독였다. 정말로 미오가 나무 위에서 둘을 빤히 쳐다보면서 무언가 말하듯 야옹야옹 울어대고 있었다. 다솜이가 미오를 보며 고개를 저었다.

"말도 안 돼. 거미가 뭘 할 수 있겠어."

곰곰이 생각하던 환이의 시선이 거미 몸 끝에서 나풀거리는 실에 닿았다.

"이거 봐! 거미줄이야! 이걸 이용하면 운동장을 가로지르는 직선을 그을 수 있겠어."

"거미줄이라고? 그건 생각지도 못했네. 너 천재 아니니?"

다솜이의 감탄 어린 말에 환이가 어깨를 으쓱하면서 피식 웃었다.

"하하, 나 이환 님을 앞으로는 이천재 님이라고 불러라."

환이는 왕거미에게 부탁하듯 정중히 말했다.

"거미야, 부탁해. 너만 믿는다. 거미줄을 길게 뽑아 운동장 끝까지 한 번에 날아가는 거야. 알겠지?"

왕거미는 환이 말을 알아듣는 것처럼 꿈틀하더니, 저 높이 있는 나뭇가지 끝으로 순식간에 기어올라갔다.

"됐다, 됐어. 이제 날아가면 돼."

환이와 다솜이는 고개를 빼고 나뭇가지 끝을 올려다보았다. 왕거미는 스파이더맨처럼 길게 실을 뽑아 나뭇가지 아래로 대롱대롱 매달렸다. 왕거미가 바람을 타고 살살 흔들리는가 싶더니, 센 바람이 휘잉 불자 그네를 타듯 하늘 높이 날아올랐다. 바람은 왕거미를 운동장 끝으로 멀리멀리 날려 보냈다.

"와, 간다. 간다!"

거미줄은 운동장 한쪽 끝에서 반대편 끝까지 기다랗게 늘어졌다.

가느다란 거미줄은 신기할 정도로 반듯하게 어느 곳 하나 휘지 않고 운동장을 가로질러 주었다.

"지…… 직선이야! 성공이다, 성공!"

환이와 다솜이가 좋아서 팔짝팔짝 뛰었다. 환이와 다솜이, 미오는 거미줄을 따라서 운동장을 신나게 달렸다.

"어때? 성공했지?"

문제를 맞힌 보상으로 허공에서 금화가 짤랑거리면서 떨어져 내렸다. 투명 창 구석에 금화가 소복하게 쌓였다. 환이가 흐뭇해하고 있을 때, 어디선가 낯익은 목소리가 들려왔다.

"좋습니다. 좋아요."

"마스터 M!"

환이가 마스터 M을 찾으려 주변을 둘러보았다. 그러나 마스터 M의 모습은 어디에도 보이지 않았다.

"미오에게 붙은 것들을 떼어 줘!"

다솜이도 미오를 끌어안으며 외쳤다.

"연습 문제 정도는 가볍게 풀어야지요. 그래야 저와 맞설 진짜 실력자가 되지요."

마스터 M이 후후 웃는 목소리가 들렸다.

"이게 연습 문제였어?"

환이와 다솜이가 놀라는 것과 동시에 주변 풍경이 변했다.

"이번 문제를 풀면 미오에게 건 저 마법은 풀어 드리지요. 하지만 이곳에서 나가려면 문제를 풀고 교과서 세상을 원래대로 되돌려야 한다는 걸 잊지 마세요."

그 순간 째깍거리는 시계 소리가 환이의 귓가에 요란하게 울렸다. 어디선가 휑, 하고 바람이 불어왔다.

어느새 환이는 운동장을 바라보는 높은 곳에 올라서 있었다. 운동장에는 커다란 원이 떠 있었고, 원 가장자리를 따라 숫자가 쓰여 있었다. 환이는 금세 그것이 무엇인지 알아볼 수 있었다.

"이건…… 내가 그린 시계잖아."

언젠가 환이가 교과서에 낙서했던 시계 모양과 똑같았다.

시계의 6은 8이 되어 있고, 9도 8이 되어 있었다.

"환아, 환아! 여기, 여기 좀 봐!"

시계 쪽에서 다솜이의 목소리가 들렸다. 환이는 다솜이가 온 힘을 다해 손을 흔드는 모습을 발견할 수 있었다.

다솜이는 수평으로 놓인 커다란 시곗바늘 위에 서 있었다. 째깍, 째깍, 소리가 날 때마다 다솜이의 시곗바늘은 한 칸씩 아래로 움직이고 있었다. 이대로 가다가는 다솜이가 미끄러져 아래로 떨어지고 말 것이다.

"야옹, 야옹……."

환이의 어깨에 앉은 미오가 안타깝다는 듯 울어 댔다.

다솜이가 뒤로 바싹 물러나 소리쳤다.

"환아, 이거 어떻게 좀 해 봐!"

"다솜아, 조심해. 꽉 붙잡아!"

시곗바늘 하나는 사라져서 보이지 않았다. 역시나 환이가 예

전에 교과서에 구멍을 뚫어 버린 탓이었다.

"아아, 어떡해. 왜 이렇게 낙서를 해서……. 으으, 큰일이다, 큰일."

> 위대한 개척자님, 시계에는 두 개의 시곗바늘이 있습니다.
> 두 시곗바늘로 만들 수 있는 가장 큰 각은 몇 도일까요.
> 각도를 구하세요.

엎친 데 덮친 격이었다. 그새 허공에는 투명 창이 나타났다.

"뭐, 뭐어? 각도? 각도가 뭐였더라?"

환이는 머릿속이 새하얘져 아무 생각이 나지 않았다. 째깍째깍 소리가 환이를 쫓아오는 듯했다.

"각이 얼마나 크거나 작은가를 말하는 거야!"

다솜이가 멀리서 큰 소리로 외쳐 댔다.

"그러니까, 두 개의 시곗바늘로 만들 수 있는 가장 큰 각도가 뭐냐고?"

그사이에도 시곗바늘은 째깍거리면서 움직였고, 다솜이는 점점 아래로 내려가고 있었다.

"아아, 어떻게 하지?"

꼬리에 꼬리를 무는 어휘 이야기 3

수학 교과서에선 여러 도형을 다루고 있어. **도형**(圖形)은 면이나 선, 점 등이 모여서 만들어진 모양을 말해. 삼각형, 사각형, 오각형 모두 도형이지.

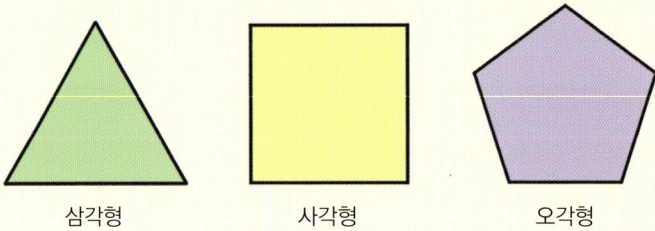

삼각형　　　사각형　　　오각형

도형을 알기 위해선 **각**(角)을 먼저 알아야 해. 각은 뾰족하다, 또는 뿔이란 뜻이 있어. 뾰족한 각이 세 개 있는 도형은 삼각형이라고 불러. 각이 네 개인 도형은 사각형이라고 하지. 직선만 각을 만들 수 있기 때문에 선이 휘거나 구부러지면 각이 되지 못해. 마찬가지로 삼각형이나 사각형이 되려면 곡선이 있으면 안 돼.

각(角) : 뿔, 뾰족한 모양 등
일각수(一角獸) : 뿔이 하나 있는 전설의 동물, 유니콘을 말한다.

이런 식으로 **육각형**(六角形)도 있고, **칠각형**(七角形)도 있고, **팔각형**(八角形)도 있어. 물론 **십각형**(十角形)도 있지.

삼각형(三角形) : 뾰족한 각이 세 개 있는 도형
사각형(四角形) : 각이 네 개 있는 도형
오각형(五角形) : 각이 다섯 개 있는 도형

 그럼 이십각형도 있겠네?

당연하지. 하지만 점점 각이 많아지면 결국 뭐가 될까?

 각이 더 많아질 수 있다고?

아래 그림을 잘 봐. 각이 많아지면 아래와 같은 모양이 되겠지?

 이건 원이랑 비슷해 보이는데?

 맞아, 원은 아니지만 점점 원에 가까운 도형이 되지.

그럼 각은 뭘까? 각은 두 직선이 서로 만나서 벌어진 정도를 말해. **직각**은 직선 두 개가 만나서 90도를 이루는 경우를 말해.

> **직각**(直角) : 두 직선이 만나서 이루는 90도의 각
> **수직**(垂直) : 수평에 대해서 직각을 이룬 상태

수직

직각(90도)

> **수평**(水平) : 기울지 않고 평평한 상태
> **평평**(平平) : 평평하고, 반듯하다
>   예시 무거운 물건을 내려놓을 때는 **평평**(平平)한 곳에 내려놓아야 해. 안 그러면 큰 사고가 날 수 있거든.
> **공평**(公平) : 어느 한쪽으로 기울지 않고 평평한 상태
>   예시 그 판사는 이번 재판에서 **공평**(公平)한 판결을 내렸다.

둔각(鈍角)은 직각인 90도보다는 크고, 수평이 되는 180도보다는 작은 각을 말해. 상대적으로 두 직선이 벌어진 크기가 크기 때문에 둔하고 무디다는 뜻의 둔각이라고 해.

반대로 90도보다는 작고, 0도보다는 큰 각은 예각(銳角)이라고 해. 창의 끝처럼 예리하다는 뜻이 있지.

예각(銳角) : 날카로운 각
반대 **둔각**(鈍角) : 둔한 각, 무딘 각
예민(銳敏)한 성격 : 예리하고 재빠른 성격
예리(銳利)한 칼날 : 날카로운 칼날

원은 뭘까. **원**(圓)은 둥글다는 뜻이 있어. 원의 둘레를 **원주**라고 해. 원의 한가운데에는 **원의 중심**이 있어. 원 위의 한 점에서 원의 중심을 지나 맞은편까지 잇는 선을 **지름**이라고 하지. 가장 짧게 가는 길을 지름길이라고 하지? 원의 중심을 가로지르는 지름이 원의 중심으로 가는 가장 짧은 길이어서 그래. 지름의 반을 **반지름**이라고 해. 지름을 반으로 나눴다는 뜻이야.

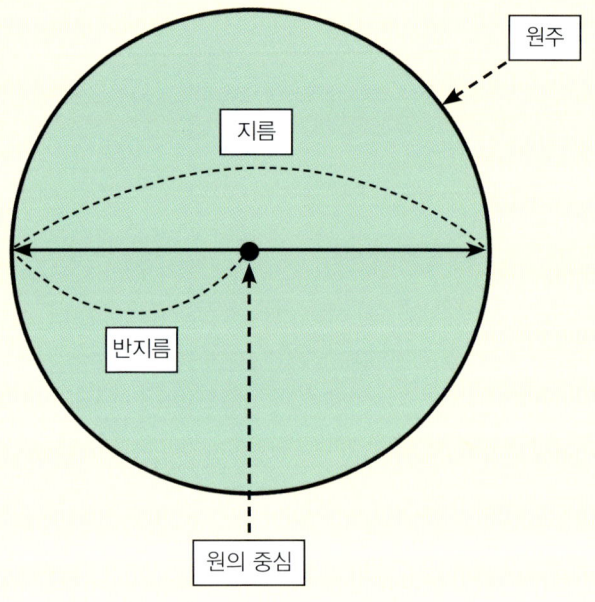

원(圓) : 둥글다 원
타원(楕圓) : 길쭉한 원
반원(半圓) : 원을 지름으로 반으로 나눈 원
원주(圓周) : 원의 둘레

보기의 단어를 넣어 다행시를 써 봐.

보기 예민하다, 둔하다

환이

예 : 예리하고,

민 : 민첩한 다솜이.

하 : 하지만

다 : 다솜이는 내가 이겨.

나

둔 :

하 :

다 :

진짜라니까~.

너 한번 해 볼래?

각도와 각도기

"시곗바늘이 두 개인데, 가장 큰 각이 뭘까?"

환이는 각도에 대해서 아는 게 별로 없었다. 사실 정확히 무엇이 '각도'를 가리키는 건지도 잘 몰랐다. 수업 시간에 들었던 '직각'이라는 말만 어렴풋이 기억났다.

환이는 하는 수 없이 다솜이에게 소리쳤다.

"다솜아, 시곗바늘 두 개로 만드는 가장 큰 각을 말하라는데, 그게 뭐야? 직각을 말하는 건가?"

다솜이는 기울어 가는 시곗바늘 때문에 미끄러지지 않으려 애쓰느라 환이의 말을 잘 들을 수 없었다.

"뭐? 뭐라고? 잘 안 들려!"

환이는 할 수 있는 한 가장 큰 소리로 외쳤다.

"시곗바늘이! 만드는! 가장! 큰! 각! 그게 뭐냐고!"

"가장 큰 각?"

"직각이야?"

"으이구, 아니야. 직각보다 큰 각이 있잖아! 그러니까 당연히……."

하지만 다솜이는 그사이 까마득하게 아래로 내려가 버렸다. 거리가 멀어지는 바람에 목소리도 잘 안 들리고, 다솜이가 시곗바늘에 매달려 다리를 버둥대는 것만 보였다.

"뭐라는 거야."

환이가 어리둥절해서 고개를 갸우뚱했다.

"흐음, 각은 직선 두 개가 만나서 만드는 거고, 반대쪽 끝이 점점 벌어지면 각이 커지는 거니까…… 근데 각도를 어떻게 재는 거지?"

한참을 생각하던 환이는 언젠가 수업 시간에 봤던 각도기가 문득 생각났다.

"아, 각도기가 있었지! 미오, 각도기를 보여 줄 수 있어?"

미오가 고개를 끄덕이는가 싶더니, 펑, 하는 소리와 함께 입에 각도기를 물고 달려왔다. 환이는 다급하게 각도기에 그려진 눈

금을 살펴보기 시작했다.

"10…… 20도, 40도…… 45도, 60도……."

"으아아아, 환아, 멀었어?"

다솜이가 외치는 소리가 멀리서 들려왔다.

"잠깐만. 여기 가운데가 90도. 그래, 90도가 직각이라고 했지."

환이가 각도기를 살피다 말고 멈칫했다.

"아하, 알겠다. 시곗바늘 두 개가 만나서 만들 수 있는 가장 큰 각은 180도야."

환이가 큰 소리로 외쳤다.

"180도. 정답 180도!"

순간, 짤랑거리는 소리와 함께 허공에서 금화가 떨어져 내렸다. 다솜이는 어느새 환이 옆에 나란히 서 있었다.

"하아, 나 떨어지는 줄 알았잖아. 으으으으……."

다솜이가 울먹거렸다.

"미안. 내가 원래 도형엔 좀 약해서……."

환이가 머리를 긁적였다.

"이환, 너 진짜……."

"알았어. 나도 이제 공부할 거라고."

그때 환이와 다솜이 사이로 들어온 미오가 야옹, 울었다. 미오 몸에 붙어 있던 지저분한 그래프와 숫자 조각들은 사라지고 없었다.

"미오야, 마스터 M의 마법이 사라졌네! 잘됐다!"

다솜이가 미오를 끌어안으며 기뻐했다.

그때 허공에서 투명 창이 나타났다.

> 위대한 개척자님,
> 문제를 맞혔으니, 다음 라운드로 이동할 수 있습니다.
> 다음 라운드에 도전하시겠습니까.

"다음 라운드는 뭔데?"

다솜이가 물었다.

"힌트 없나……. 설마 분수 문제는 아니겠지? 분수만 아니면 돼."

환이가 자신 없는 소리로 말했다.

"야옹, 야아아아옹……."

미오가 고개를 저으면서 울었다.

"앗, 그런 말 하지 마. 말이 씨가 된다잖아. 그러다가 분수 문제로 가게 되면 어떡……."

하지만 다솜이의 말은 끝까지 이어지지 못했다. 다음 순간 환이와 다솜이, 미오가 다른 장소로 이동했기 때문이었다.

"하, 여긴……"

환이와 다솜이의 눈이 동그래졌다.

이번엔 숲이었다. 사방이 온통 숫자들로 가득했다. 눈 닿는 곳마다 숫자들이 대롱대롱 매달려 있었다. 그런데 숫자들의 크기가 제각각인 데다가 찢어지거나 반 토막 난 것들투성이라, 그 모습이 어쩐지 기괴해 보였다.

투명 창에서 마스터 M의 목소리가 들려왔다.

"거봐, 말하지 말랬지. 분수의 나라로 왔잖아!"

> **위대한 개척자님,
> 이곳은 분수의 나라입니다.
> 분수들을 원래 모습으로 되돌려 놓고 싶다면
> '도전'이라고 외치세요.**

다솜이가 환이를 흘겨보며 한숨을 쉬었다.

"하아, 여기 분위기를 보니 보통 어려운 문제가 아닐 것 같은데."

환이가 침을 꿀꺽 삼키면서 말했다.

"그러니까 말이야. 여기 좀 무서워."

다솜이가 두리번거리며 환이 옆에 바짝 붙어 섰다. 다솜이 옆에서 미오가 꼬리를 말고서는 야옹, 하고 울어 댔다.

재미있는 수학 이야기

이탈리아 수학자 레오나르도 피보나치를 아니? 피보나치는 그가 쓴 책에서 토끼를 예로 들어 재미있는 문제를 냈어.

옛날에 어떤 농부가 암수 토끼 한 쌍을 키우기 시작했어. 너희도 알다시피 토끼는 새끼를 많이 낳기로 유명하지. 이 토끼가 두 달이 지나면서부터 매달 암수 토끼 한 쌍을 낳게 돼. 이 새끼 토끼들도 자라서 두 달이 지나면 암수 토끼 한 쌍을 낳지. 손자 토끼들도 자라서 암수 토끼 한 쌍을 낳고 말이야. 이렇게 1년이 지나면 토끼가 몇 쌍이 될까?

물론, 이건 피보나치가 정해진 규칙에 따라 숫자가 늘어나는 **수열**이라는 개념을 설명하기 위해 만든 이야기야. 그러니까 몇 가지 조건도 있어. 토끼들은 절대 죽지 않을 것, 토끼들은 매달 한 쌍, 즉 두 마리씩 새끼를 낳을 것. 새끼 토끼는 두 달이 지나야 새끼를 낳을 수 있고 말이야. 현실에서는 이렇지 않겠지.

뭐가 뭔지 모르겠고, 벌써 복잡하다고? 알고 보면 재미있을걸? 먼저 이 토끼들이 어떻게 늘어나는지 그림으로 한번 살펴볼게.

으아아, 토끼랑 수학이랑 무슨 관계가 있어?

옆의 그림과 같이 보면 이해하기 쉬울 거야.

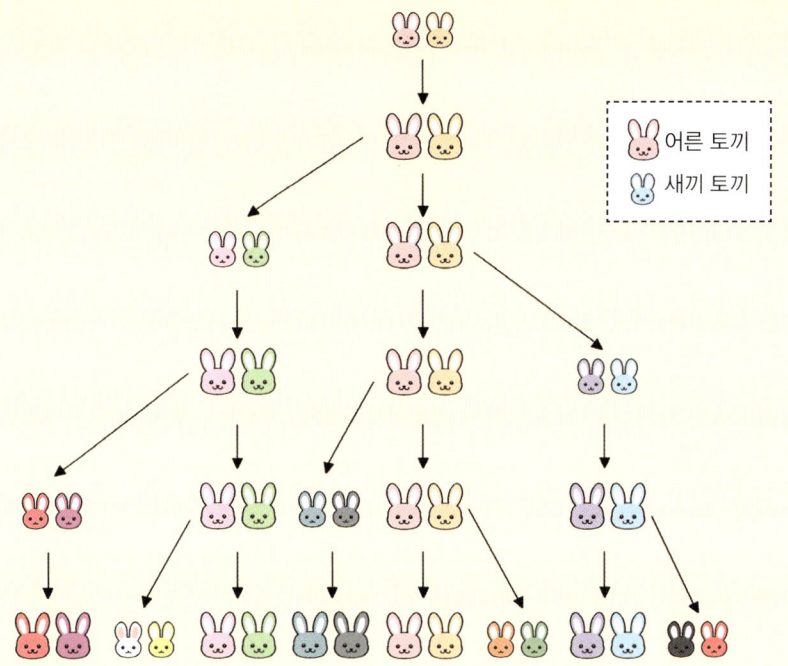

1달째: 1쌍(처음 농부가 데려온 토끼 한 쌍)

2달째: 1쌍(첫 번째 토끼가 자라서 어른 토끼가 됐어.)

3달째: 2쌍(첫 번째 토끼가 드디어 새끼 한 쌍을 낳았어.)

4달째: 3쌍(첫 번째 토끼가 또 새끼 한 쌍을 낳았어. 지난달 태어난 토끼는 아직 아기 토끼야.)

5달째: 5쌍(첫 번째 토끼가 또 새끼 한 쌍을 낳았어. 두 번째 토끼도 이제 두 달이 되어 새끼 한 쌍을 낳았어.)

6달째: 8쌍(첫 번째, 두 번째, 세 번째 토끼가 각각 새끼 한 쌍을 낳았어.)

이런 식으로 토끼들이 계속 늘어나게 돼. 이걸 숫자로 옮겨 볼게.

1, 1, 2, 3, 5, 8, 13, 21……

어때, 혹시 눈치챘니?

맞아. 바로 그거야. 피보나치는 앞의 두 수를 더하면 뒤에 오는 수가 되는 규칙을 발견한 거야. 맨 앞의 1과 그다음 1을 합하면 뒤에 오는 2가 되지? 2 다음에는 앞의 1과 2를 합해서 3이 오고, 2와 3이 합해져서 5가 되지. 다시 3과 5를 합하면 8이 되지.

그럼 21 다음엔 어떤 수가 올까? 오오, 대단한걸? 맞아. 34야. 규칙대로 따라가다 보면 앞으로 토끼 한 쌍이 1년 동안 얼마나 많은 토끼 가족을 만들게 될지 예상할 수 있어. (답은 144쌍이야.)

재미있지? 앞의 두 수를 더해 다음 수를 만드는 수열을 **피보나치 수열**이라고 불러. 직사각형에 피보나치의 수열을 나타내면 이렇게 표현할 수 있어.

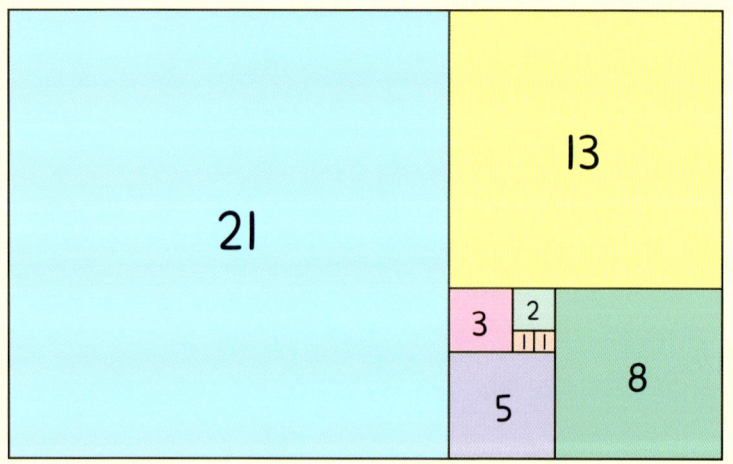

더욱 놀랍고 신기한 것은 피보나치 수열을 자연에서도 찾아볼 수 있다는 거야. 많은 꽃의 꽃잎 수가 피보나치 수와 일치한대.

식물은 햇빛을 잘 받기 위해 잎이나 꽃을 겹치지 않게 배열해. 이렇게 가장 알맞은 간격으로 자라다 보면 피보나치 수처럼 배열되는 경우가 많아.

붓꽃 꽃잎 3장

사과꽃 꽃잎 5장

코스모스 꽃잎 8장

시네라리아 꽃잎 13장

어때, 신기하지? 어쩌면 자연도 수학을 좋아하는 게 아닐까?

분수의 나라 ❶

어디선가 휭, 하고 불어온 바람에 허공에 매달린 숫자들이 대롱대롱 흔들렸다. 찢긴 숫자와 반 토막 숫자들이 서로 부딪치며 쩔그렁쩔그렁 소리를 냈다.

"으스스한데? 이렇게 된 게 다 낙서 때문이라고? 환아, 너 대체 책에 낙서를 얼마나 한 거야?"

다솜이가 부르르 떨며 얼굴을 찡그렸다.

"나도 이렇게 될 줄 몰랐지……."

환이가 멋쩍은 표정으로 머리를 긁적였다. 미오가 야옹, 울면서 머리를 절레절레 흔들었다.

"근데 너 아까 왜 분수만 아니면 된다고 했어?"

"사실…… 딴짓하느라 수업 시간에 제대로 못 들었어. 어려워 보이기도 했고 말야."

"우리 정말 괜찮을까?

다솜이가 환이를 돌아보며 걱정스러운 듯 물었다.

"그, 그래도 분수가 뭔지는 알아. 나도 마냥 딴짓만 한 건 아니라고."

환이가 자신만만한 표정으로 말했다.

"사과를 반으로 쪼개면 한쪽이 $\frac{1}{2}$이 되는 거잖아. 그런 걸 분수라고 하는 거지?"

우쭐대는 환이를 보면서 다솜이가 가볍게 한숨을 내쉬었다.

"마스터 M이 그렇게 간단한 문제를 준비했을까?"

그때 투명 창이 공중에 나타났다.

"이거 봐. 문제가 나타났어."

> **친구 4명이 함께 모여서**
> 생일 축하 파티를 하기로 했습니다. 그런데 아뿔싸,
> 안타깝게도 먹음직스러운 케이크는 3개뿐이었습니다.
> 친구 4명이 케이크를 똑같이 나눠 먹어야 합니다.
> 케이크를 어떻게 나눠서 먹어야 할까요.

환이와 다솜이가 문제를 다 읽자마자 앞에 화사한 테이블이 나타났다. 테이블 위에는 케이크 세 개와 접시 네 개가 놓여 있었다.

"아, 케이크를 나눠서 이 접시에 덜어 놓으란 건가 봐."

"이걸 왜 굳이 똑같이 나눠 먹어? 먹고 싶은 만큼 알아서 먹으면 되지."

환이가 뚱한 소리로 물었다.

"으이구, 그걸 말이라고 하니? 지금 우린 분수의 나라에 와 있잖아. 수학으로 문제를 푸는 거라니까."

다솜이가 잔소리를 한바탕해 댔다.

"어, 환아, 너 무슨 소리 안 들려?"

"네 잔소리? 너무 들어서 내 귀가 다 따갑거든."

환이가 심드렁한 표정으로 귀를 후비는데, 어디선가 삐, 삐…… 하는 소리가 들려왔다.

"으응? 이게 무슨 소리……. 다, 다솜아, 이것 좀 봐. 폭, 폭, 포포포포폭탄이다……!"

언제 나타났는지 테이블 위에 새카만 타이머 폭탄이 놓여 있었다. 다솜이와 환이는 놀라서 눈이 동그래졌다. 둘 다 폭탄을 본 건 처음이라 마음이 쿵쾅거렸다.

"저, 저…… 저거 진짜 폭탄이야?"

"으으……. 뭔가 함정이 있을 것 같았어. 이제 어떻게 해."

다솜이가 발을 동동 굴렀다. 그 순간 환이와 다솜이 앞에 투명 창이 떠올랐다.

> 하하하, 눈치채셨군요.
> 수학 나라에서는 정확한 답이 아니면
> 그대로 공간이 폭파돼 버립니다.
> 분수의 나라 전체가 날아갈 거예요.
> 흐흐흐흐흐.

"다솜아, 저게 무슨 말이야?"

환이가 다솜이 뒤에 숨은 채로 물었다.

"으음, 수학은 정확한 학문이야. 요구하는 답이 정해져 있다는 뜻이야. 만약 우리가 이 접시에 케이크를 조금이라도 더 놓거나 덜 놓으면 폭탄이 터질 거야."

"으아아아, 어떻게 해. 케이크는 세 개고, 사람은 넷이잖아. 이걸 어떻게 똑같이 나눠. 나눗셈을 하라는 건가?"

환이가 고개를 갸우뚱했다.

"그냥 나눗셈을 하라는 게 아니야. 이 문제를 풀기 위해선 분수가 무엇인지 알아야 해."

"그래서 분수가 뭔데?"

환이의 눈길이 시간이 빠르게 줄어들고 있는 폭탄 타이머로 향했다.

"빨리 말해. 시간이 없어."

"뭐부터 설명하지? 분수는 분모와 분자로 이루어진 수야. 이해했지?"

삐, 삐, 삐, 삐. 폭탄의 타이머 소리가 점점 더 커지는 것 같았다.

"분모가 뭐더라? 으음, 난 잘 기억이 안 나는데."

"그럴 줄 알았어. 잘 들어."

다솜이가 빠르게 설명을 시작했다.

"이 케이크 하나를 넷이 나눠 먹는다고 생각해 봐."

"왜? 이걸 왜 넷이 나눠 먹는데? 이 정도면 혼자도 먹을 수……."

환이 입이 말하다가 말고 쏙 들어갔다. 다솜이가 무서운 표정으로 노려보고 있었기 때문이었다.

"아, 알았어. 이 케이크 하나를 넷이 나눠 먹으면 어떻게 되는 건데?"

"이 케이크 하나가 전체인 1인 거야. 케이크 하나, 1을 네 명이서 똑같이 나눈다는 거지. 그럼 전체 1을 네 조각으로 자르고 한 사람이 한 조각을 가져가는 셈이야. 전체 1을 4로 똑같이 나눴다는 걸 $\frac{1}{4}$이라고 쓰고, '4분의 1'이라고 읽어. 이렇게 가운데 나누는 선을 써서 표시한 수가 분수야. 케이크 전체 1 중 한 조각이 $\frac{1}{4}$조각인 셈이지."

다솜이가 손가락으로 테이블 위에 $\frac{1}{4}$을 그리며 설명했다. 환이는 다솜이의 설명이 어렴풋하게나마 이해되기 시작했다.

"그럼 두 명이 가져가는 케이크는 $\frac{2}{4}$인 거야?"

"그렇지. 전체 1을 4로 나눈 것 중에서 두 조각을 가져갔으니까 말이야."

"아, 이게 분수구나!"

"그러니까 여기에선 전체를 몇 조각으로 나눴나 하는 것이 분모, 4인 거고, 그중에 몇 조각인가 하는 것이 분자, 1, 2……인 거야."

"분모를 가운데 선 아래, 분자를 가운데 선 위에 써서 표시한 거네!"

"오오, 맞아."

"이 문제를 어떻게 풀지 알겠어. 케이크 세 개를 네 명이서 나누는 거니까, 그중 하나는 $\frac{3}{4}$인 거야."

환이가 정답을 말하자 케이크가 $\frac{3}{4}$만큼씩 잘려 세 접시 위에 놓였다. 마지막 접시에는 각 케이크에서 잘린 $\frac{1}{4}$조각들이 놓여 $\frac{3}{4}$조각을 만들었다.

허공에서 짤랑거리면서 금화가 마구 떨어졌다.

"우아, 맞혔네!"

다솜이가 기뻐하는 환이를 보고 뿌듯하게 미소 지었다.

그 순간 주변 풍경이 빠르게 변하더니 둘은 어느새 교실 안에 서 있었다.

"어, 이건 우리 교실이잖아?"

"아, 빨리 문제를 다 맞혀서 돌아가고 싶어……."

다솜이가 반가운 마음에 교실을 둘러보는 사이, 허공에 투명 창이 나타났다.

> **기본 문제를 맞혀서 보너스 문제를 풀 수 있게 됐습니다.
> 보너스 문제를 맞히면 마법의 아이템이 주어집니다.
> 도전하시겠습니까.**

"할까?"

환이가 다솜이를 돌아보았다.

"하지 마. 보너스는 무슨 보너스야. 빨리 문제 풀고 빠져나가야지."

다솜이가 손을 내저으며 환이를 재촉했다.

"마법의 아이템이 뭐야?"

그때 환이와 다솜이 앞에 걸린 칠판이 반짝이기 시작했다.

"칠판? 이게 마법의 아이템이라고?"

다솜이 옆에 잠자코 앉아 있던 미오가 칠판 앞에 오더니 야옹, 울었다. 환이가 알았다는 듯 고개를 끄덕였다.

"할게."

"아아, 못 말려. 무슨 문제가 나올 줄 알고?"

다솜이가 입술을 삐죽거렸다.

> **보너스 문제**
> $\frac{2}{5}$와 $\frac{1}{3}$ 중 누가 더 큰 수일까요.

"으아, 이건 너무 어려운데?"

환이가 깜짝 놀라 입을 떡 벌렸다.

"그러게 내가 하지 말랬잖아!"

다솜이가 잠시 씩씩거리더니, 금세 지친 듯 누그러졌다.

"하아, 진정하자. 이럴 땐 그림을 그려서 풀면……."

그때 환이가 다솜이를 보고 눈을 찡긋했다.

"……마스터 M, 이거 우리 한번 써 볼 수 없나? 너무 어려운 문제잖아. 이런 건 배운 적 없다고."

다솜이가 환이의 사인을 눈치채고 거들었다.

"맞아, 마스터 M. 이렇게 어려운 문제를 환이가 어떻게 풀어!"

미오도 항의하듯 옆에서 연신 야옹야옹 울어 댔다.

"하아, 보너스 문제이니 한 번만 쓸 수 있게 해 드리죠."

마스터 M의 목소리가 울려 퍼졌다. 이내 허공에서 분필이 뿅 나타났다. 환이와 다솜이는 보이지 않게 고개를 숙이고는 마주

보며 씨익 웃었다.

"됐다……!"

"환아, 이제 문제를 풀어야지. 여기 집중해 봐."

다솜이의 말에 환이가 퍼뜩 정신이 들어 칠판을 바라보았다. 다솜이가 칠판에 긴 직사각형을 그리며 말했다.

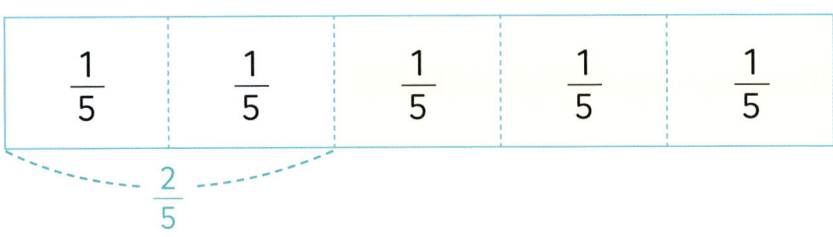

"$\frac{2}{5}$는 이렇게 생긴 직사각형을 다섯 개로 나눈 것 중에 두 개를 뜻해."

"그럼 $\frac{1}{3}$은 전체를 셋으로 나눈 거니까……. 네가 그린 것과 똑같은 직사각형을 셋으로 나눈 것 중 하나랑 비교하면 되겠네?"

환이가 짝, 박수를 치며 말했다.

"오오, 그렇지. 이건 환이 네가 그림으로 그려 봐."

환이는 다솜이가 방금 그린 그림 위쪽으로 같은 크기의 긴 직사각형을 그리고 삼등분했다.

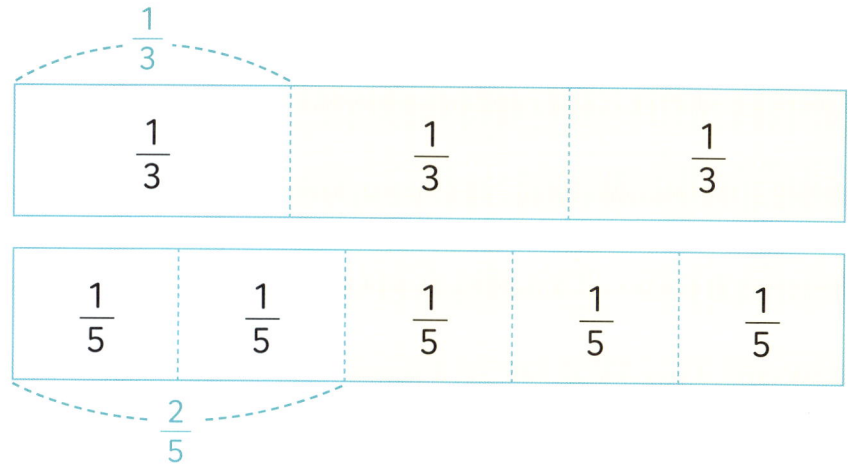

"아, 이렇게 하니까 한눈에 알 수 있구나? $\frac{1}{3}$보다 $\frac{2}{5}$가 더 크잖아?"

"그래. 바로 그거야. 정답은?"

다솜이의 질문에 환이가 신난 소리로 외쳤다.

"정답은 $\frac{1}{3}$보다 $\frac{2}{5}$가 더 크다!"

> 보너스 문제를 맞혔으니, 금화와 함께 마법의 아이템을 드리겠습니다. 이제 본격적으로 문제를 풀어 볼까요.

마스터 M의 웃는 소리와 함께 허공에서 짤랑거리면서 금화가 쏟아져 내렸다.

분수는 어디에서 온 말일까. 낱말의 뜻을 살펴보면 알 수 있어. 분(分)은 나눈다는 뜻이 있어. 그러니까 **분수**(分數)는 수를 나눈다, 나누는 수라는 뜻이지.

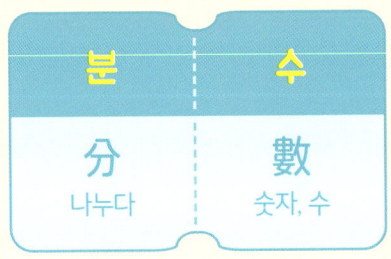

구분(區分) : 일정한 기준에 따라 나누는 것

분별(分別) : 사물을 일정한 기준에 따라 나누는 것

분수에서 꼭 기억해야 할 게 바로 **분모**와 **분자**야. 분모는 뭐고, 분자는 또 뭐냐고? 분수를 살펴보면 가운데 선 아래에 있는 수가 있어. 그게 분모야. 가운데 선 위에 있는 수는 분자라고 불러. 꼭 분모의 등에 업혀 있는 것처럼 보이지 않니?

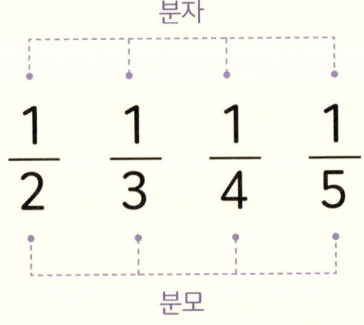

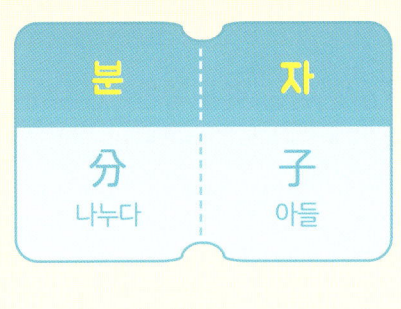

분모와 분자가 헷갈린다고? 엄마인 분모가 아이인 분자를 업고 있다고 이해하면 좀 더 기억하기 쉬울 거야.

모자(母子) : 엄마와 아들
모녀(母女) : 어머니와 딸
자녀(子女) : 아들과 딸

그럼, 가운데에 있는 선은 뭘까. 나눗셈 기호 ÷에서 위와 아래에 있는 점을 각각 지워 버리면 어떻게 되지? 맞아. 가운데엔 작대기 선만 하나 남게 되지? 그게 **가운데 선**이야. 즉, 분수는 그 자체로 나눗셈을 하라는 뜻인 거야.

$$\frac{2}{3} = 2 \div 3$$

간단하게 덧셈, 뺄셈만 하면 되지, 복잡하게 왜 분수를 배우는 걸까. 그건 방금 환이가 했던 것처럼 우리가 생활에서 쓰는 평범한 수인 자연수만으로는 이런 나눗셈을 해결할 수 없기 때문이야. 실제로 우리 생활에서는 사과 네 개를 세 명이서 나눠 먹는다든가, 케이크 세 개를 네 명이서 나눠 먹는다든가 하는 일이 너무나 많잖아. 분수는 자연수로 해결할 수 없는 다양한 문제들을 해결하게 도와준단다.

갑자기 자연수는 또 뭐냐고? **자연수**(自然數)는 우리가 자연에서 볼 수 있는 수를 말해. 가장 기본적이고 자연스러운 수라는 뜻이야. 인류가 처음 수를 사용했을 때 가장 먼저 필요했던 것이 물건의 개수를 세는 자연수였거든. 자연에는 사과 한 개, 사과 두 개는 있을지 몰라도 사과 $\frac{2}{3}$ 개, 케이크 $\frac{3}{4}$ 개 같은 건 없잖아. 그건 자연수가 아니고, 분수인 거야.

자연수(自然數) : 자연에 존재하는 수
분수(分數) : 자연수를 나누는 수

분수 중에서도 분모가 분자보다 큰 분수를 **진분수**(眞分數)라고 해. 진짜, 참, 참된 것이란 뜻의 진(眞)과 분수(分數)가 합해진 말이지. $\frac{1}{3}$ 이나 $\frac{2}{5}$ 처럼 말이야.

> **진실**(眞實) : 거짓이 없고 참됨
> **진리**(眞理) : 참된 이치나 도리

반대로 분모가 분자보다 작은 분수를 **가분수**(假分數)라고 해. 가짜, 거짓, 거짓된 것이란 뜻의 가(假)와 분수(分數)가 합해진 말이야. $\frac{4}{3}$ 나 $\frac{7}{2}$ 같은 분수를 말하는 거야.

> **가식**(假飾) : 말이나 행동을 거짓으로 꾸밈

가분수는 **자연수**와 **진분수**로 쪼개서 다시 표현할 수 있는데, 이걸 **대분수**(帶分數)라고 불러. 띠(帶)로 엮어진 분수(分數)라는 뜻이야.

$$\frac{4}{3} = \frac{1}{3} + \frac{1}{3} + \frac{1}{3} + \frac{1}{3} = \frac{3}{3} + \frac{1}{3}$$

$$= 1 + \frac{1}{3} \text{ (자연수+진분수)}$$

$$= 1\frac{1}{3} \text{ (대분수)}$$

다음 낱말의 뜻을 찾아서 줄로 이어 봐.

모자 •   • 일정한 기준에 따라 나누는 것

구분 •   • 엄마와 아들

분수 •   • 자연수를 나눈 수

분모, 분수, 분자……. 이게 분수 아냐?

으이그, 이 분수(噴水)는 물을 뿜어 올리거나 뿌리게 하는 장치나 그 물을 말하는 거라고!

 환이의 일기

오늘은 다솜이랑 공원에 갔다.

공원 한가운데에 물이 퐁퐁 솟아나는 분수가 있었다.

아이들이 모두 분수를 구경하고 있었다.

"와, 이게 바로 분수구나?

내가 분수는 딱 알지."

"으응? 분수가 먼데?"

"뭐긴 뭐야, 히히.

이게 바로 나누는 수, 그런 거잖아.

분모와 분자, 분수, 이런 거 말이야."

다솜이가 하아, 하고 긴 한숨을 내쉬었다.

"으이구, 그럴 줄 알았어. 그게 아니야.

그 분수하고 이 분수는 다르다고."

분수의 나라 ❷

"이대로 분수 문제는 끝……인가?"

다솜이와 환이가 박수 치며 웃다가 문득 웃음을 멈추었다. 삐, 삐, 삐……. 어김없이 교실 뒤쪽에서 타이머 폭탄의 소리가 들렸다.

"이런, 포, 폭탄이 또 나타났어."

"분수 문제가 또 있다고?"

> 이제 잘 아시는군요. 당연히 끝일 리가 없지 않습니까.
> 다음 문제까지 맞히면 다음 라운드로 이동하실 수 있습니다.
> 도전하시겠습니까.

기다렸다는 듯 허공에 투명 창이 나타났다.

"도전! 그나저나 저 폭탄 좀 치워 줄 수 없어?"

환이가 투덜거렸다.

> 21-20=20이 되도록 숫자나 기호를 추가해서 참이 되게 만드세요. 단, 등호를 움직일 수는 없습니다.

"이게 말이 돼?"

다솜이가 눈이 동그래졌다. 그때 두 사람 앞의 칠판이 다시 반짝거리며 빛났다. 칠판 위로 스슥, 하고 숫자들이 나타나서는 당장 손을 써 달라는 듯 깜빡였다.

"21에서 20을 빼는데, 어떻게 1이 아니고 20이 되지?"

"그러니까 말이야. 21에서 20을 빼면 1이어야 하는데……. 이게 무슨 말이야?"

환이와 다솜이가 서로 얼굴을 마주 보았다. 미오가 칠판 위 숫자들을 보면서 야옹, 야옹, 하고 울어 댔다.

"아까도 미오가 힌트를 줬잖아. 잘 생각해 봐. 이번에도 저 숫자들이 힌트일 거야."

환이와 다솜이가 숫자들을 보면서 곰곰이 생각에 잠겼다.

한참 생각하던 환이가 아, 하는 소리를 냈다.

"아, 우리 지금 분수의 나라에 있잖아. 어쩌면 이게 힌트이지 않을까."

"분수가 힌트라면……. 앗, 나는 알 것 같아. 이 중에 하나를 분수로 바꾸면 어때?"

다솜이가 답을 짐작한 듯 칠판을 가리켰다.

"분수로 만들 만한 수가 어떤 걸까. 21이나 20 둘 중 하나일 텐데 말이야. 다솜아, 그냥 답을 말해 주면 안 돼?"

환이가 졸랐지만 다솜이는 잠시 생각하다 고개를 저었다.

"네가 문제를 이해하지 못하면, 마스터 M이 답으로 인정해 주지 않을지도 몰라."

미오도 그 말이 맞다는 듯 옆에서 야옹, 울었다.

"일단 잘 봐. 분모와 분수가 같으면 어떻게 될까."

"분모와 분수가 같……다……라고? 그럴 수도 있어? 어떻게 그래?"

다솜이가 칠판에 원 모양으로 케이크를 그려 설명하기 시작했다.

"봐. 케이크 하나를 네 명이서 나눠 먹는다면 1을 4로 나누는 거지? 그럼 이건 분수로 어떻게 써?"

"$\frac{1}{4}$이지."

다솜이가 원 위에 선을 그어 네 조각으로 나눴다.

"그래, $\frac{1}{4}$이야. 케이크 하나를 네 명이서 나눠 먹었을 때 한 조각이 $\frac{1}{4}$이니까……. 그런 조각이 둘 있다고 하면 얼마야?"

"$\frac{2}{4}$지! 이런 건 이제 쉽다고!"

다솜이가 빙긋 웃었다.

"바로 그거야. 만약 그런 조각이 네 조각 있다고 하면?"

"그럼, 하나를 4로 나눈 것의 네 개면 $\frac{4}{4}$가 되는 건가?"

"응. 하나를 네 개로 나눈 것을 다시 네 조각 모아 놨다는 뜻이지."

다솜이가 빗금을 그어 케이크 원 전체를 색칠했다. 환이가 이해했다는 듯 짝, 손뼉을 쳤다.

"아아, 알겠다. 그럼 다시 1이 되는구나?"

"그래. 그런 뜻이야."

환이가 한참 칠판의 공식을 보더니, 다솜이에게 자신 없는 듯 말을 꺼냈다.

"그러면…… 이 식에서 하나만 바꿔서 그 뺄셈이 1이 되게 한다면, 혹시?"

"혹시 뭐?"

환이가 밝은 표정으로 딱, 소리가 나게 손가락을 튕겼다.

"알겠다, 알겠어!"

"뭔가 떠올랐어?"

환이가 칠판 앞으로 가서 의기양양하게 분필을 집었다. 환이가 칠판에 쓰인 식 위에 선을 하나 그으며 말했다.

"봐, 이렇게 20이 아니라 1이 되면 되잖아!"

환이가 선 위에 20이라고 적었다.

$$21 - \frac{20}{20} = 20$$

"맞아! 나도 그렇게 생각했어."

다솜이가 박수를 치면서 환하게 웃었다.

"이렇게 하면 $\frac{20}{20}$이 1이 되니까?"

"21에서 1을 빼는 거야. 아하하하."

칠판의 숫자들이 반짝거리면서 정렬을 시작했다. 환이가 쓴 $\frac{20}{20}$이 1로 바뀌면서 식이 완전해졌다.

허공에서는 금화가 짤랑거리면서 떨어져 내리고, 어느새 두 사람이 서 있던 공간도 달라졌다.

★재미있는★
수학 이야기

우리가 아는 유명한 그림 속에는 수학적인 원리나 공식이 숨어 있는 경우가 많아. 천재 화가라고 불렸던 레오나르도 다빈치의 그림도 그랬어.

레오나르도 다빈치의 벽화 〈최후의 만찬〉(1495~1498년작)

위 그림은 레오나르도 다빈치의 〈최후의 만찬〉이라는 그림이야. 인류 역사상 가장 훌륭한 그림 중 하나로 꼽히지. 레오나르도 다빈치는 천재 화가라는 별명에 걸맞게 그림을 그릴 때도 굉장히 많은 연구를 했고, 수학적인 원리를 그림에 응용했어.

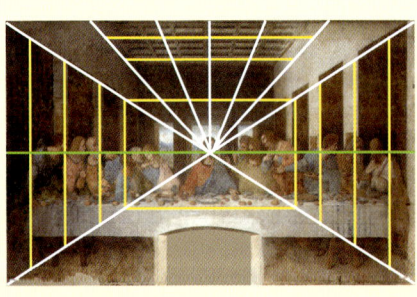

이 그림에는 **원근법**이 쓰였어. 원근법은 가까운 것을 크게, 먼 것을 작게 그려 그림에 깊이감과 입체감을 주는 기법이지. 다빈치는 여기에 **소실점**을 활용했는데, 소실점

은 그림에서 멀리 있는 것들이 한 점으로 모이는 것처럼 보이는 지점을 말해. 이 소실점을 기준으로 선을 그리면 더욱 사실적이고 균형 잡힌 그림을 그릴 수 있지.

특히 다빈치는 이 소실점을 예수님의 머리 쪽에 배치해서 관람객의 시선이 자연스럽게 예수님에게 집중되도록 했어. 이런 방식은 단순히 감각으로 그린 그림이 아니라, 수학적인 원리를 응용한 구성이었지. 당시에는 이렇게 원근법을 쓴 그림이 거의 없었으니, 다빈치의 그림은 그 이전의 그림보다 한 걸음 더 나아간 셈이지.

이번엔 우리나라 화가의 그림을 한번 볼까? 아래 그림은 조선 시대 가장 유명한 화가 중 하나인 김홍도가 그린 〈씨름〉이야. 앉아 있는 모든 이가 가운데에서 씨름하는 사람들을 바라보고 있어. 덕분에 관람객인 우리도 씨름하는 사람들을 집중해서 바라보게 되지.

단원 김홍도의 《단원 풍속도첩》에 실린 그림 〈씨름〉
출처: 국립중앙박물관

★재미있는★ 수학 이야기

물론 이 그림에도 수학적 원리가 들어 있어. 바로 **마방진**의 원리야. 마방진은 가로, 세로, 대각선, 어느 방향으로 수를 더해도 값이 모두 같게 만든 숫자 퍼즐이야. 서양에서는 마방진을 '마법의 사각형'이라고도 불렀대. 옛날 우리 조상들도 마방진을 푸는 걸 즐겨 했다고 해. 세종대왕이 마방진을 좋아했다는 이야기도 있다고.

대각선으로 화살표를 따라가면서 그림 속 사람 수를 더해 보면

8+2+2=12

5+2+5=12

어느 쪽으로 더해도 똑같이 12이지? 맞아. 이건 마방진의 원리를 이용한 그림이라서 그래.

심지어 김홍도는 다른 규칙도 심어 놓어. 오른쪽 위부터 ㄴ모양으로 살펴보면 5, 2, 5고, 왼쪽 아래부터 ㄱ모양으로 살펴보면 5, 8, 5로 양끝을 중심으로 수가 균형 있게 배열되어 있다는 걸 있다는 걸 알 수 있어.

김홍도는 그림에 이렇게 일정한 수의 사람을 배치하면 안정적인 느낌을 줄 수 있다는 걸 알고 있었던 거지. 우리가 아는 유명한 그림에도 수학이 들어 있다고 생각하니, 참 재미있지 않아?

그럼, 우리도 마방진 문제를 몇 개 풀어 볼까?

2		4
7		3
	1	8

		2
1	5	9
	3	

마방진이라는 말을 넣어서 삼행시를 지어 봐.

환이

마 : 마법의 사각형 속

방 : 방마다 각각 다른 숫자가 있지.

진 : 진짜 똑같네. 다 더한 수가!

나

마 :

방 :

진 :

그럼 마방진의 원리를 쓰면 그림을 더 잘 그릴 수 있나?

그림은 나처럼 많이 그려야 늘지!

도형의 나라

"우아, 환아, 이것 좀 봐."

다솜이 눈이 동그래졌다. 미오도 신났는지 야옹, 소리와 함께 머리를 다솜이 다리에 비비댔다.

이번에 환이와 다솜이, 미오가 떨어진 곳은 숲속 공터였고, 한가운데 커다란 과자 집이 놓여 있었다. 따스한 햇살에 과자 집이 따끈하게 데워져 갓 구운 달콤한 냄새가 솔솔 풍겼다. 안 그래도 교과서 세상에 휘말린 후로 아무것도 먹지 못하고 연속으로 문제를 푼 터라 환이와 다솜이는 슬슬 배가 고픈 참이었다.

"환아, 우리……."

과자 집 주변을 기웃거리던 다솜이가 환이를 돌아보다 한숨을 내쉬었다. 환이는 벌써 과자 집을 뜯어 우걱우걱 먹는 중이었다. 옆에서는 미오가 안절부절못하고 빙글빙글 돌고 있었다.

환이가 방금 전까지 문 장식이었던 도넛을 입에 넣고, 다른 손으로는 거대 막대 사탕 문고리를 떼어 내며 다솜이를 불렀다.

"다솜아, 우물우물…… 너도 이리 와서, 얌, 쩝…… 먹어 봐. 이거 진짜 맛있어."

다솜이도 과자 집으로 달려가고 싶었지만, 간신히 참았다. 여긴 교과서 세상이다. 마스터 M이 마법을 부린 세상이었다.

"그렇게 함부로 먹었다가 무슨 일이 있을 줄 알고!"

다솜이가 야단했지만, 이미 환이가 과자로 된 집을 상당히 뜯어 먹은 다음이었다. 환이 입가엔 설탕 가루가 잔뜩 묻어 있고, 머리카락엔 초콜릿 반죽이 달라붙어 있었다.

그때 환이와 다솜이 앞에 투명 창이 다시 나타났다.

> **아니, 이런! 위대한 개척자님이 과자로 된 집을 먹어 버렸군요.
> 이 과자 집은 여러 가지 도형으로 만들어진 것입니다.
> 위대한 개척자님이 먹어 버린 도형들을 전부 찾아
> 되돌려 놓으면 다음 라운드로 넘어갈 수 있습니다.
> 도전하시겠습니까. 제한 시간은 10분입니다.**

환이가 머리를 긁적였다.

"배가 너무 고픈 걸 어떡해. 그나저나 10분 안에 도형들을 되돌려 놓을 수 있을까?"

다솜이가 어이없다는 듯 환이를 노려보았다.

"이게 다 너 때문이야. 으이구, 이환, 이 말썽쟁이!"

"미안, 미안. 다솜아, 이왕 이렇게 된 거, 너도 한 입 먹고 시작할래?"

환이가 내친 김에 창문 틀을 뜯어서 와그작 씹었다. 긴 과자 조각으로 만들어진 창틀이 환이 입속에서 와사삭 부서졌다. 이제 바닥에 놓인 여러 가지 도형들 가운데 환이가 방금 먹은 과자와 딱 맞는 도형도 찾아서 가져다 놓아야 했다.

다솜이가 환이에게 한마디 하려던 때였다. 과자 집 주변에 또다시 타이머 폭탄이 생겨났고, 타이머의 시간도 빠르게 줄어드는 게 보였다.

"포, 폭탄이다! 시, 시, 십 분! 10분 안에 다시 맞춰야 해."

"뭐야, 어떻게 하는 거야."

환이와 다솜이가 어떻게 해야 할지 몰라서 당황한 사이에 미오가 잽싸게 달려갔다.

미오가 여러 가지 도형 가운데 원 모양을 물고 왔다. 미오가

문 쪽으로 폴짝폴짝 뛰더니, 원을 문고리가 있던 곳에 넣으려는 듯 목을 쭉 빼고 뛰어올랐다.

"아, 이걸 문고리에 넣으란 거지?"

다솜이가 미오에게서 원을 받아 들고 문고리 위치에 가져다 댔다. 차라라랑, 소리가 나면서 사라졌던 문고리가 생겨났다.

"됐다, 됐어. 이렇게 하면 되나 봐. 환아, 뛰어, 뛰어!"

환이도 삼각형, 사각형 도형 들을 가져다가 날랐다. 한참을 뛰어다니다 보니, 과자 집도 원래의 모습으로 돌아가고 있었다. 이제 과자 집에는 단 하나의 빈 자리가 남았다.

"저건 무슨 도형이지?"

환이가 바닥에 놓인 도형들을 둘러보았지만 좀처럼 짐작할 수 없었다.

그때 지붕 꼭대기 빈 자리에 들어갈 도형에 대한 힌트가 투명 창 위로 나타났다.

> **위는 뾰족한 점 하나에서 만나고,
> 아래는 둥근 모양이리라.**

다솜이가 동그랗게 눈을 뜨며 투명 창을 가리켰다.

"이건 수수께끼 같은데?"

"그러게. 대체 뭘 놓으라는 거지?"

환이가 머리를 긁적이며 문제를 다시 소리 내어 읽어 보았다. 다솜이도 난감한 표정을 지었다.

"나도 짐작이 안 가. 너 아까 뭘 먹었어?"

난감했다. 지붕 위의 마지막 도형은 위는 뾰족한데, 아래는 넓은 듯 보였다.

"음……. 아이스크림 콘 과자 부분을 뒤집어 놓은 모양이었는데……."

바닥에 남은 도형들은 너무나 다양했다. 정육면체나 육각형도 있었고, 기둥 모양인 도형도 있었다.

"수학에도 수수께끼가 있잖아. 이제 어떻게 하지?"

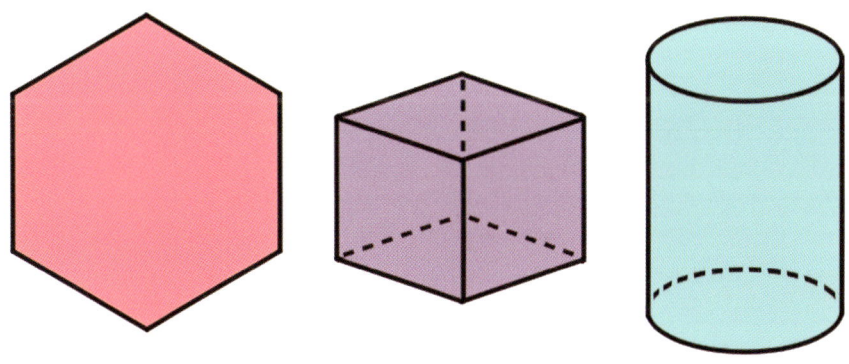

"환아, 그림 한번 그려 보자."

다솜이가 말하자 마법의 칠판이 나타났다. 다솜이가 칠판에 몇몇 도형 그림을 그려 보았다.

"아래는 원이고, 위는 뾰족한 한 점이라면, 한쪽이 점점 줄어드는 거겠네?"

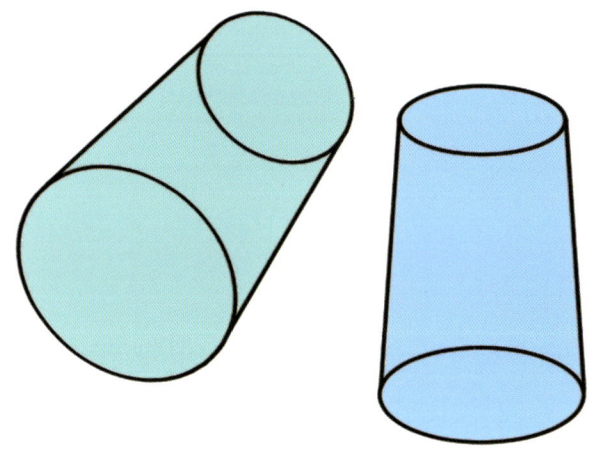

미오가 갸웃거리며 비슷한 도형들을 찾아 물어다 날랐지만, 빈 자리에 좀처럼 들어맞지 않았다. 다솜이가 다시 문제를 천천히 읽어 보았다.

"위는 뾰족한 점 하나에서 만나고, 아래는 둥근 모양……. 아래는 원인데, 위는 뾰족해서 꼭짓점이 있다는 건가?"

환이가 방금 다솜이가 그린 도형을 가리키며 물었다.

"이런 건 위에 꼭짓점이 없잖아. 꼭짓점이 있으려면 어떤 모양이어야 할까?"

"네가 그려 봐. 시간 얼마 안 남았잖아."

타이머의 숫자가 59로 막 넘어간 참이었다.

"으아아, 1분도 안 남았어."

발을 동동 구르던 환이가 아하, 하고 무릎을 쳤다.

"원을 바닥으로 두고 세운 다음, 위로 잡아당기면 어떨까?"

"그러네. 그렇게 하면 끝이 뾰족해지잖아?"

"그림으로 그리니 이건 꼭 부채를 접어 놓은 것 같기도 하고."

환이와 다솜이는 도형들 사이에서 가까스로 그림과 같은 도형을 찾았다.

"이거 뾰족하니…… 뿔처럼 생겼네?"

"환아, 시간이 없어. 미오야, 부탁해!"

미오가 재빨리 도형을 입에 물고 지붕 위로 달려갔다. 지붕 위에 막 도형을 올려놓은 순간, 타이머의 숫자가 20에서 멈추었다.

"으아아아, 다행이야."

"하아, 심장이 다 쪼그라드는 줄 알았네."

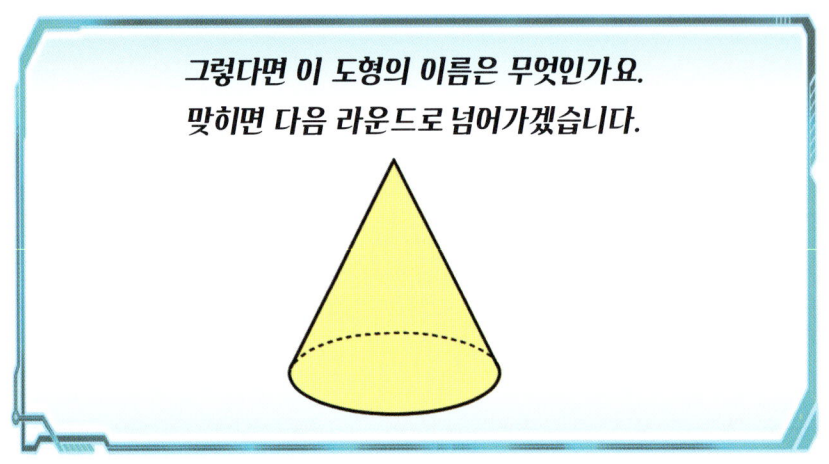

"마스터 M, 비겁하다! 이건 우리가 모르는 거잖아."

"맞아. 처음 보는 도형인데, 이름을 어떻게 알아?"

하지만 다시 폭탄의 타이머가 순식간에 삐, 삐, 넘어가기 시작했다.

"으으……. 일단 아무거나 말해 봐."

"뾰족하니까 뾰족이?"

다솜이가 절레절레 고개를 저었다.

"으아, 너무하잖아. 그럴듯한 이름을 대야지. 뾰족이가 무슨 도형 이름이야."

"그럼 뭐라고 해? 뾰족형?"

그때 다솜이가 무언가 생각난 듯 짝, 손뼉을 쳤다.

"아까 네가 뭐라고 했지?"

"몰라. 내가 뭐라고 했는데……?"

환이가 기억을 떠올리려 했지만 마음이 급해서 머릿속이 하얬다. 삐, 삐, 소리에 다솜이가 다급하게 재촉했다.

"뾰족하게 뭐 닮았댔잖아."

"뭐랬지? 뿔 같다고 했나?"

"맞아! 위는 뿔이고, 아래는 둥그라니까 원이야."

"그럼…… 원뿔?"

환이가 아무 말이나 내뱉는가 싶었는데, 순간, 짤랑거리는 소리가 들리면서 금화가 허공에서 마구 떨어져 내렸다.

"아아, 맞혔다, 맞혔어!"

"와, 이게 원뿔이야? 진짜 원뿔 맞아?"

환이와 다솜이가 발을 굴러 대면서 환호하는 순간, 두 사람은 다른 공간으로 이동했다.

꼬리에 꼬리를 무는 어휘 이야기 5

도형에서 가장 중요한 건 **점, 선, 면으로 이루어진 모양**이란 거야. 점은 우리가 흔히 말하는 점을 말해. 일정한 한 부분, 한 포인트를 가리키는 거야. 넓이를 차지하는 것은 아니지만 매우 중요하지. 우리가 어디에 있는지 위치를 알려 주는 것도 점이거든. 얼굴에 있는 점은 뭐냐고? 물론 그것도 점이지.

점(點)은 글자 그대로 위치를 알려 준다는 뜻이 있어. 도형에서 각이 생기는 위치를 알려 주는 것도 점이야. 이렇게 도형의 각마다 있는 점을 **꼭짓점**이라고 해. 꼭짓점은 여러 도형의 꼭지, 즉 **각**(角)이 어디에 있는지 위치를 알려 주는 점이야.

선은 곡선과 직선이 있다는 걸 이미 살펴보았지? 삼각형, 사각형, 오각형 같은 다각형은 모두 직선으로 이루어진 도형이야. 직선과 직선이 만나면 넓이를 차지하는 부분이 생기게 되는데, 이걸 **면**(面)이라고 해.

면(面) : 일정한 넓이를 차지하는 공간

평면(平面) : 평평한 면
(예시) 거울은 빛이 잘 비치도록 평면(平面)으로 되어 있어요.

곡면(曲面) : 평면이 아니고 휘어진 면
(예시) 비 오는 날 우산 위 곡면(曲面)을 따라 빗물이 흘러내려요.

다각형을 이루는 직선은 **변**이라고 해. 삼각형은 변이 세 개, 각이 세 개, 꼭짓점도 세 개 있어. 사각형은 변이 네 개, 각이 네 개, 꼭짓점도 네 개지. 오각형은? 그래. 오각형은 변이 다섯 개, 각이 다섯 개, 꼭짓점도 다섯 개야.

그럼, 육각형은 어떨까? 그래. 육각형은 변이 여섯 개, 각이 여섯 개, 꼭짓점도 여섯 개야. 모든 다각형은 이런 식으로 변과 꼭짓점과 각을 갖고 있어. 특히 육각형은 정말 신비로운 도형이야. 꿀벌들의 집에서 육각형을 찾아볼 수 있거든.

꿀벌들은 이렇게 육각형 모양으로 집을 지어. 학자들 말에 따르면 이렇게 만들어야 빈틈이 없이 집을 지을 수 있어서 그렇대. 이미 꿀벌들은 육각형의 신비에 대해서 알고 있었나 봐. 이 육각형 집 안에 차곡차곡 꿀을 쌓아 두지.

육각형 모양의 벌

이제 뿔에 대해 알아볼게. 원뿔, 각뿔 등이 있어. 원뿔은 밑면은 원이고, 위는 한 점인 꼭짓점에서 만나는 도형이야.

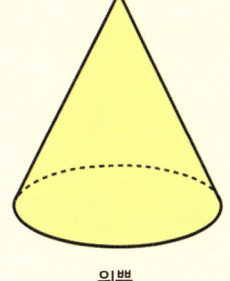

원뿔

그런가 하면, 각뿔은 원뿔과 비슷한데, 밑면이 원이 아니라 우리가 앞에서 살펴보았던 여러 가지 다각형의 모습인 도형을 말해.

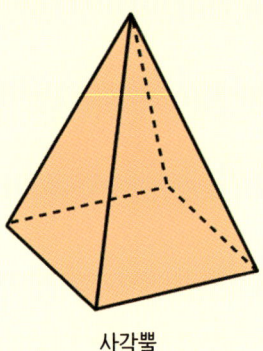
사각뿔

이건 밑면이 사각형 모양이지만, 위가 꼭짓점 하나에서 만나는 **사각뿔**이야. 그럼 **오각뿔**도 있냐고? 물론이지.

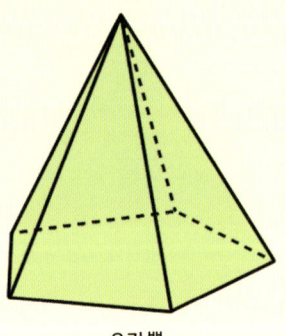
오각뿔

오각뿔이 있는 것처럼 육각뿔도 있고, 칠각뿔도 있고, 팔각뿔도 있고, 십각뿔도 있어. 보석들이 이런 뿔 모양인 거 혹시 눈치챘을까? 다이아몬드는 무려 58면이나 있어. 58면을 깎아 놓았기 때문에 반짝반짝 멋지게 빛나는 거지. 어때, 우리 생활 속에서도 다양한 면들을 만날 수 있지?

우리가 아는 도형은 크게 두 가지로 나눌 수 있어. 하나는 **평면도형**이고, 나머지 하나는 **입체도형**이야.

평면도형(平面圖形) : 평면에 그려진 도형
입체도형(立體圖形) : 입체로 세워진 도형

58면이 있는 다이아몬드

평면(平面)에 그려진 도형은 **평면도형**이야. 평면도형은 부피가 없어. 그냥 평평한 면에 그려져 있는 도형이니까. 예를 들면 삼각형, 사각형 같은 도형이지.

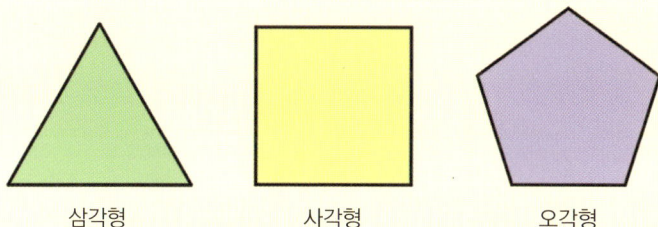

삼각형　　　　　사각형　　　　　오각형

하지만 입체도형은 입체야. 만질 수 있고, 세울 수도 있지. 이런 입체도형은 높이가 있어서 **부피**를 갖게 돼. 부피란 입체가 차지하는 공간의 크기를 말해. 심지어 아무리 얇아 보여도 종이 한 장도 부피를 갖고 있어. 부피를 가진 입체도형은 그 부피를 잴 수도 있지. 우리가 방금 보았던 각뿔 같은 도형은 입체도형이야.

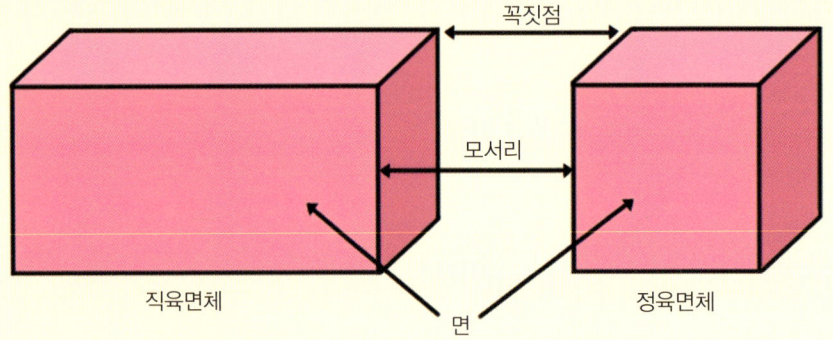

입체도형에는 사면체, 오면체, 육면체, 칠면체 등이 있어. 입체도형은 꼭짓점, 모서리, 면 모두 갖고 있어. 입체로 세워질 수 있는 도형이라고 생각하면 이해가 쉽겠지. 수학 교과서에서는 직육면체나 정육면체를 흔히 볼 수 있어. 모든 면이 직사각형이면 직육면체이고, 모든 면이 정사각형이면 정육면체인 거야. 복잡해 보이지만, 이런 내용을 알고 보면 충분히 이해할 수 있지?

다음 괄호 안에 어울리는 말을 넣어보세요.

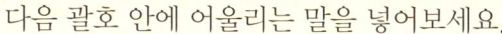

> **보기**
> 꼭짓점, 변, 각, 뿔, 원뿔, 사각뿔, 삼각뿔, 원,
> 도형, 모양, 삼각형, 사각형, 부채꼴

오늘은 수학 시간에 도형에 대해서 배웠다.

(   )이 세 개 있고, 변이 세 개 있고,

(   )도 세 개 있는 도형을

삼각형이라고 한다고 했다.

(   )은 각이 네 개 있고,

(   )이 네 개 있고, 꼭짓점도 네 개 있다고 했다.

배수가 뭐야?

"여긴 또 어디야?"

커다란 연못 앞에 환이와 다솜이가 서 있었다.

"웬 연못이지?"

동그랗고 커다란 연못을 빙 둘러 벽돌이 놓여 있었다. 연못을 둘러싼 벽돌 중에는 색이 다른 것들이 다양하게 섞여 있었다.

"이거 왠지 이상하지 않아? 왜 어떤 벽돌은 노란색이고, 어떤 벽돌은 빨간색이지? 심지어 노란색과 빨간색이 섞인 벽돌도 있어."

흐음, 하는 소리를 내며 다솜이가 곰곰이 생각에 잠겼다.

"정말 그렇네. 마스터 M이 괜히 이렇게 벽돌 색을 만들었을 리 없어."

"어? 근데 이상하다. 저기부터는 색이 없어."

환이가 맞은편 벽돌을 가리켰다. 과연 연못을 둘러싼 벽돌들이 중간부터는 색이 없이 회색빛이었다.

"설마, 저 벽돌 색을 맞히라는 건 아니겠지?"

환이가 고개를 갸우뚱하는데, 투명 창이 나타났다.

> 딩동댕. 눈치가 빨라지셨군요.
> 위대한 개척자님, 이 연못을 둘러싼 벽돌은 모두 78개입니다.
> 이 벽돌들은 어떤 규칙에 따라 색이 칠해져 있어요.
> 규칙에 따라서 남은 벽돌의 색을 모두 칠하세요.
> 제한 시간은 20분입니다.

"그럼 그렇지."

다솜이는 이미 짐작했다는 듯 고개를 끄덕였어.

"그럴 줄 알았어."

아니나 다를까 연못가 주변에 페인트 통, 붓과 함께 폭탄과 타이머가 나타났다. 또 폭탄과의 싸움이었다. 타이머가 삐, 삐, 소리를 내며 작동하기 시작했다.

"음, 먼저 칠해져 있는 벽돌들이 어떤 규칙에 따라 나열되어

있는지 보자. 환아, 순서대로 말해 줘."

환이가 손가락을 까딱거리면서 벽돌색을 말하기 시작했다.

"하얀색, 하얀색, 노란색, 하얀색, 빨간색, 노란색, 하얀색, 하얀색······"

하지만 기억력 좋은 다솜이도 벽돌이 워낙 많은 탓에 헷갈리기 시작했다. 환이도 어디까지 불렀는지 까먹기 일쑤였고 말이다.

"환아, 그러지 말고, 같은 색 벽돌이 몇 번째에 있는지 숫자로 세어 보자."

"숫자로?"

"응."

다솜이가 둘을 바라보던 미오를 돌아보며 도움을 청했다.

"미오야, 우리를 도와줄 수 있어? 우리가 세는 벽돌 위로 올라가 줘."

미오가 야옹, 울더니 첫 벽돌 위에 앉았다. 다솜이가 고맙다는 듯 미오에게 빙긋 웃어 보였다.

"노란색부터 할게. 1, 2, 노란색, 4, 5, 노란색, 7, 8, 노란색······."

다솜이가 벽돌을 셀 때마다 미오가 한 칸씩 이동했다.

"어? 이건?"

환이와 다솜이는 노란색이 나오는 때가 일정하다는 걸 깨달았다.

"오오, 알겠다. 이건 3의 배수야."

"배수? 배수가 뭐더라?"

환이가 고개를 갸웃거렸다.

"배수는 배가 되는 수야."

"배가 된다는 게 무슨 뜻이야?"

다솜이가 흠흠, 목을 가다듬은 후 설명하기 시작했다.

"같은 수만큼 늘어난다는 뜻이야. 3이 6이 되려면 3+3, 그러니까, 또 3을 더해야 하잖아. 원래의 값만큼 늘어난 거지. 이게 배야. 원래의 값은 그대로니까 1배, 원래 값이 두 번 더해지면 2배, 세 번 더해지면 원래 값의 3배인 거지."

"아아, 그럼 2의 배수는 2, 4, 6?"

환이가 눈을 깜빡거리면서 물었다.

"맞아. 1배, 2배, 3배…… 배수는 이렇게 계속해서 늘어나니까, 2씩 늘어난다고 생각하면 돼."

"아하, 알겠다. 어렵지 않고 재밌는데? 게임하는 것 같아."

환이가 활짝 웃으면서 말했다.

"수학이 알고 보면 재미있다니까? 그럼 3의 배수는 어떻게 될 거 같아?"

"3의 배수는 3씩 커지겠지. 3의 1배는 3, 3의 2배는 6, 3의 3배는 9……. 벽돌도 그렇게 색칠하면 되겠는데? 다솜아, 노란색 벽돌이 몇 번째인지 불러 봐."

"3, 6, 9……."

다솜이가 수를 셀 때마다 미오가 깡충깡충 다음 벽돌 위로 뛰었다. 환이가 바로 다음 벽돌색을 추측해 냈다.

"아아, 알겠다. 그다음은…… 10, 11, 12! 열두 번째 벽돌이 노란색이구나?"

"맞았어!"

"그런데 빨간 벽돌은 뭐지? 심지어 열다섯 번째 벽돌은 노란색, 빨간색이 다 있어."

환이가 중간중간 섞여 있는 빨간색 벽돌을 가리켰다.

"1, 2, 노란색, 4, 빨간색, 노란색, 7, 8, 노란색, 빨간색……? 이게 무슨 뜻일까. 칠판에 적어 볼까?"

환이와 다솜이 앞에 다시 마법의 칠판이 나타났다.

"음, 노란색은 3의 배수였어. 그럼 빨간색은……."

"빨간색이 다섯 번째부터 시작되잖아. 혹시 5의 배수 아닐까? 5를 더한 수, 열 번째에 빨간색 칠이 되어 있는지 확인해 보자."

다솜이가 칠판에 벽돌 색을 순서대로 적어 보았다.

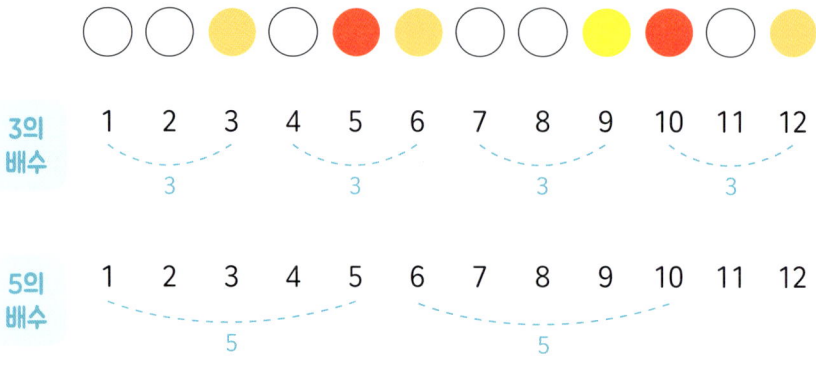

"오오, 정말 그렇네!"

환이와 다솜이가 서로 놀란 표정으로 마주 보았다.

"빨간색은 5, 10, 15, 20, 25……번째에 있어. 빨간색은 5의 배수였어!"

"5씩 커지는 5의 배수라는 거지? 5의 1배는 5, 5의 2배는 10, 5의 3배는 15니까."

환이가 신이 나서 발을 동동 구르다 멈칫하며 물었다.

"잠깐, 15는 3의 배수이기도 한데?"

열다섯 번째 벽돌 앞뒤를 유심히 살피던 환이의 얼굴이 이내 환해졌다.

"알았다! 노란색과 빨간색이 섞인 벽돌은 3의 배수이기도, 5의 배수이기도 한 거야!"

"이제 척하면 척인걸? 하하하."

환이와 다솜이가 함께 활짝 웃었다.

"빈 자리에 어떤 색이 들어갈지 이제 알겠다. 다솜이 네가 3의 배수를 칠하고, 내가 5의 배수를 칠하는 거야. 어때?"

"좋아. 서둘러."

환이와 다솜이가 큼직한 붓을 들고 신나게 뛰어다니면서 색을 칠해 댔다. 환이는 5의 배수에 빨간색을, 다솜이는 3의 배수에 노란색을 칠했다. 다솜이가 마지막 벽돌에 색을 칠하며 외쳤다.

"와, 다 했다!"

그때 벽돌들 색이 순식간에 맞춰지듯이 완성되었다. 짤랑, 하는 소리와 함께 허공에서 금화가 우수수 떨어져 내렸다.

"됐다, 됐어."

미오가 좋아서 우다다다 여기저기 뛰어다녔다. 환이와 다솜이, 미오 모두 함께 힘을 합쳐 문제를 풀어내고 받은 보상이라 더 기분 좋은 듯했다.

재미있는 수학 이야기

1858년 독일의 수학자 아우구스트 페르디난트 뫼비우스가 신기한 수학 원리를 발표해. 바로 안과 밖의 구분이 없는 2차원 도형인 뫼비우스의 띠야. 한 번쯤 들어 본 적이 있지?

뫼비우스의 띠는 우연한 기회에 발견되었어. 뫼비우스가 어느 여름에 해변으로 휴가를 갔는데, 그곳 숙소에 파리가 너무 많았대. 파리가 하도 여기저기서 달려드니까, 그는 파리를 잡으려고 한 가지 꾀를 내. 띠 양면에 접착제를 바른 다음에, 띠가 서로 달라붙지 않도록 반 바퀴 꼬아서 끝을 서로 붙였어.

그 과정에서 뫼비우스는 뜻밖의 사실을 발견하게 돼. 분명히 띠는 겉면과 안쪽 면, 이렇게 두 면을 지니고 있는데도, 이 띠에서는 두 면이 연결되어 끊기지 않은 하나의 면이 된다는 사실을 말이야.

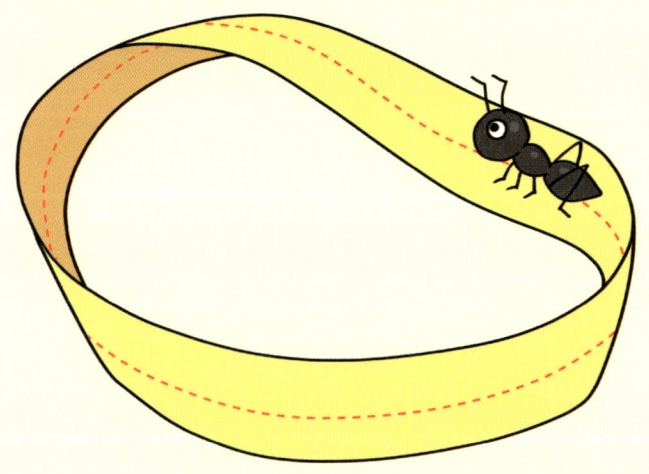

만약 이 뫼비우스의 띠 위를 개미가 일직선으로만 기어가도 앞면과 뒷면을 한 번에 전부 지나갈 수 있어. 즉, 출발점에서 앞으로 계속 기어가도 다시 처음 위치로 돌아갈 수 있다는 거야. 신기하지?

뫼비우스의 띠는 쉽게 만들 수 있어. 한번 만들어 볼까.

   뫼비우스 띠 만들기
① 색종이를 띠 모양으로 기다랗게 자릅니다.

② 색종이 띠의 끝에 풀을 바릅니다. 띠의 왼쪽 끝과 오른쪽 끝에 풀을 바르세요.

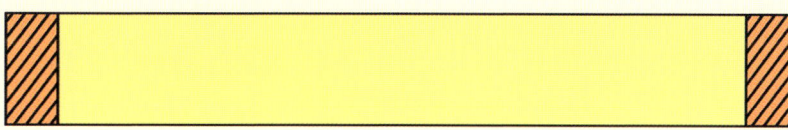

③ 색종이 띠를 꼬아서 풀을 붙인 끝을 서로 붙입니다.

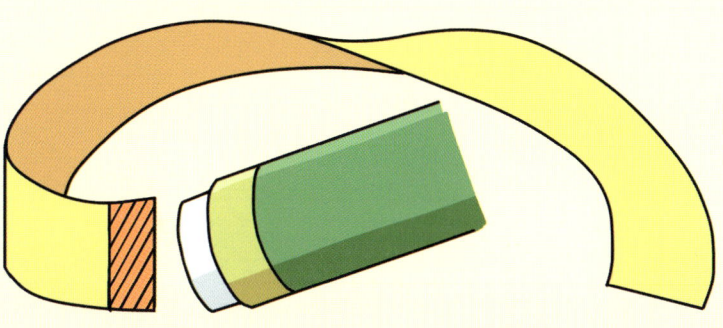

④ 시작점을 표시하고 사인펜으로 선을 그어 보세요.

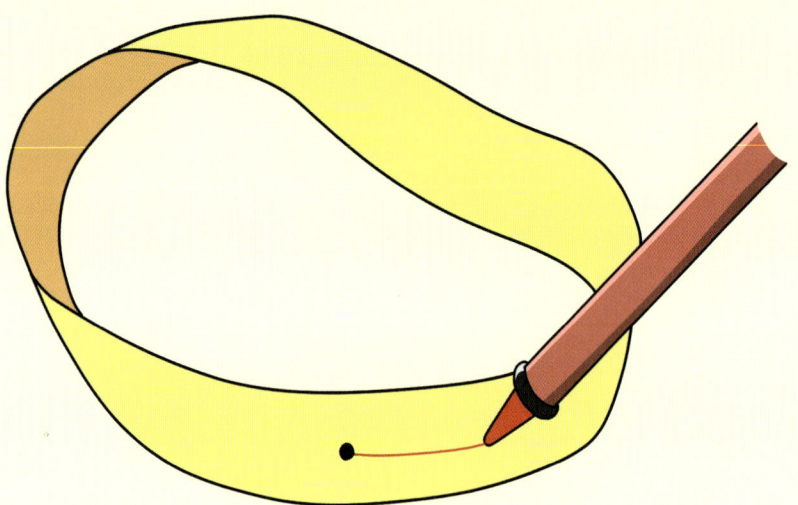

⑤ 선이 한 바퀴 돌아 앞면의 시작점으로 돌아오게 된다는 것을 확인합니다.

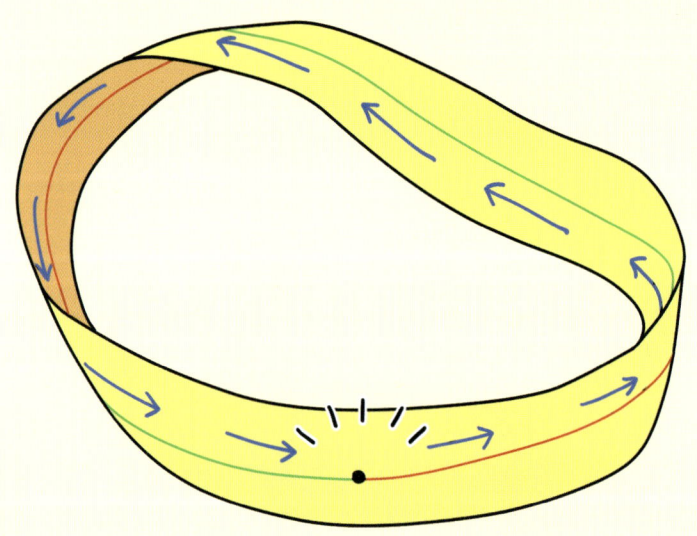

뫼비우스의 띠는 실제로 어떻게 응용될까? 뫼비우스의 띠 원리는 에스컬레이터의 손잡이나 공장의 컨베이어 벨트같이 계속 돌아가는 장치에 활용하면 좋아. 띠를 한쪽 면만 계속 쓰면 그 면이 빨리 닳게 되잖아? 뫼비우스의 띠처럼 띠를 한 번 비틀어 연결하면 양면을 모두 쓸 수 있어서 띠가 닳는 속도를 늦출 수 있게 돼.

우리가 좋아하는 롤러코스터 중에 뫼비우스의 띠 원리를 이용한 것도 있어. '뫼비우스 루프 롤러코스터'는 두 개의 레일이 나란히 있는 것처럼 보이지만, 사실은 하나의 꼬인 트랙을 두 열차가 함께 사용하는 구조라고 해. 뫼비우스의 띠 원리가 이렇게 다양하게 쓰이다니 신기하지 않니?

뫼비우스 띠처럼 꼬여 있는 롤러코스터 트랙

약수를 맞혀라

"이제 배수는 마스터했단 말이지."

환이가 히죽거렸다.

"그렇다면 약수를 풀 때가 됐군요."

허공에서 마스터 M의 목소리가 들려왔다.

> 위대한 개척자님, 문제를 술술 풀어내는군요.
> 수학에 재능이 있으셨나 봅니다.
> 배수 문제를 쉽게 해결했으니,
> 이제 약수 문제도 풀어 보겠습니다. 배수와 약수는
> 짝꿍처럼 늘 함께 다니니까요. 도전하시겠습니까.

"뭐?"

환이가 놀라서 소리쳤다.

"나 아직 약수는 모른단 말이야. 그건 또 뭐야?"

환이가 다솜이에게 소근거렸다.

"배수는 한도 끝도 없이 계속해서 늘어나지만, 약수는 달라. **약수는 어떤 수를 나누었을 때 나머지 없이 나누어떨어지는 수**를 말하거든."

"나머지 없이 나누어떨어지는 수?"

환이가 곰곰이 생각하더니 다솜에게 다시 물었다.

"1이 그렇잖아. 자기 자신으로 나누면 항상 1이 나오던데? 2÷2=1, 25÷25=1인 것처럼 말이야."

"맞아. 약수는 1처럼 나눠서 완전히 떨어지는 수인 거야."

> 약수에 대해서 이해했군요.
> 그럼 문제를 풀어 보겠습니다.
> 문제당 제한 시간은 3분입니다.

다솜이의 말이 끝나자마자 띠링, 소리와 함께 투명 창의 글자가 스르르 바뀌었다. 환이와 다솜이가 긴장한 표정으로 투명 창을 바라보았다. 바닥에는 다양한 숫자 카드들이 나타났다.

> **12의 약수를 고르세요.**

투명 창에 문제가 떠오르자 이제는 익숙하기까지 한 폭탄과 타이머가 옆에 놓였다. 삐, 삐, 삐, 삐…… 타이머의 시간이 빠르게 줄어들기 시작했다.

"12의 약수라면…… 뭐가 있지?"

고민하던 환이와 다솜이는 바닥에 있는 숫자 카드들 가운데 정답을 고르기 시작했다.

"1이 있지."

"12도 있어."

환이가 재빠르게 바닥에 놓인 카드 1을 집었다. 미오도 그 말을 알아들었다는 듯 카드 12를 물고 와 환이에게 건넸다.

"미오야, 고마워. 그럼 또 뭐가 있지?"

"2하고 6을 곱하면 12잖아. 그럼 2하고 6도 12의 약수라는 말이지. 12를 2나 6으로 나눴을 때 나머지가 없으니까."

"그러네. 또 뭐가 있지?"

"3하고 4를 곱하면 12가 돼."

"3하고 4도 12의 약수겠네."

환이는 1, 12, 2, 6, 3, 4를 골랐다. 공중에서 짤랑거리는 소리가 나면서 금화가 마구 떨어져 내렸다.

> **좋습니다. 위대한 개척자님,
> 이제 진짜 문제를 풀어 보겠습니다.
> 100을 어떤 수로 나눴더니, 나머지가 4가 되었습니다.
> 어떤 수가 될 수 있는 수의 개수는 몇 개일까요.**

문제를 몇 번이나 읽던 환이가 발을 동동 굴렀다.

"뭐어어어어? 이게 무슨 말인지 모르겠어."

"앗, 이건 좀 어려운데?"

다솜이도 고개를 갸우뚱했다.

그 순간 투명 창에 띠링, 또 다른 메시지가 나타났다.

> **제한 시간은 3분입니다.**

옆에 놓인 타이머의 시간이 다시 3분으로 맞춰졌다. 이어서 삐, 삐, 삐 소리와 함께 시간이 줄어들기 시작했다.

"어떡해. 또 폭탄이야. 마스터 M은 왜 이리 폭탄을 좋아하느냔 말이지."

"집중해, 집중. 지금도 시간이 줄어들고 있다고."

그때 미오가 환이 바지 자락을 물고 잡아당겼다. 다솜이가 미오를 보더니 무엇을 말하려는지 눈치챘다.

"칠판, 칠판을 쓰라는 거야."

환이와 다솜이 앞에 마법의 칠판이 나타났다.

"마법의 칠판아, 힌트 좀 줘. 100을 어떤 수로 나눴는데, 나머지가 4가 있다는 게 무슨 뜻이야?"

차라랑, 소리가 나면서 칠판에 숫자가 하나 나타났.

96이었다.

"으응? 96? 답은 안 알려 주는데, 힌트는 주나 봐."

"근데 왜 96을 알려 준 거지?"

환이는 96을 보고도 뚱한 표정을 지었지만, 다솜이는 아하, 하고 소리를 냈다.

"아, 알겠다. 나머지가 4라는 건 96으로 나누면 나머지가 0이 된단 뜻이야."

"96으로 나눴을 때 나머지가 0이 된다는 건, 혹시 96의 약수를 구하란 건가?"

환이가 고개를 갸우뚱하면서 물었다.

"그래. 그거야. 이건 96의 약수를 모두 구하란 거야. 약수가 몇 개인지 찾으라는 거지."

"헉, 언제 전부 다 찾지?"

폭탄 타이머가 벌써 2분 20초로 넘어가고 있었다.

"마법의 칠판이 힌트를 줘서 다행이다. 서둘러."

환이와 다솜이는 칠판에 96의 약수를 적어 나가기 시작했다.

"1하고 96은 일단 적고, 96을 2로 나누면 48이 되니까, 2하고 48……."

"3으로 나누면 32야. 3하고 32 적고, 그다음은 4인가? 96을 4로 나누면 24네. 4하고 24를 적어야 돼."

"5는? 아, 안 되는구나. 나누어떨어지지 않아."

환이가 칠판에 셈을 해 보더니, 고개를 저었다.

"그럼 6은 어때? 96을 6으로 나누면 16이야. 오, 그럼 6하고 16도 적어야 돼. 시간 얼마나 남았지?"

다솜이가 곁눈질하니 폭탄 타이머는 48초를 지나고 있었다. 환이와 다솜이는 칠판에 몇 번이고 셈을 해 보았다.

"으아아, 서둘러. 17초, 16초, 15초……. 잘 생각해 봐. 더 없어?"

"8과 12도 있어! 그 외엔…… 없는 것 같아!"

환이와 다솜이는 이제 약수의 숫자를 세기 시작했다. 환이가 중얼중얼 숫자를 불렀다.

"1, 96, 2, 48, 3, 32, 4, 24, 6, 16, 8, 12…… 12개다. 마스터 M, 약수 개수는 12개야."

환이가 답을 외치자마자 허공에서 짤랑, 하는 소리와 함께 금화가 우수수 떨어졌다.

"맞혔다!"

환이와 다솜이가 길게 한숨을 내쉬었다.

> 흐음, 상당히 어려운 문제였는데,
> 수학에 재능이 상당하시군요.
> 과학이나 사회보다 더 빨리 배우는 것 같아요. 좋습니다.
> 다음 라운드로 넘어가겠습니다. 준비되셨나요?

"아아, 다음에도 잘할 수 있을까?"

"그럼! 미오랑 내가 있잖아."

미오가 환이의 다리에 머리를 부드럽게 비비댔다.

"그래. 도전! 난 앞으로도 수학 문제 다 맞히고, 미오를 구해서 돌아갈 거라고!"

환이가 주먹을 쥐고 흔드는데, 주변 풍경이 삽시간에 바뀌었다.

꼬리에 꼬리를 무는 어휘 이야기 6

수의 세계는 무한하고 신비해. 특히 규칙적으로 커지는 수인 **배수**와 어떤 수를 나누었을 때 나누어떨어지게 하는 수를 말하는 **약수**는 서로 짝꿍처럼 함께 다니니까 꼭 기억해 둬야 해.

배수(倍數) : 배가 되는 수, 갑절로 커지는 수

각 수마다 배가 되는 배수는 다 달라. 하지만, 배수들끼리 서로 겹쳐지는 공통인 배수들도 있어. 예를 들어 이렇게 말이야.

3의 배수 : 3, 6, 9, 12, 15, 18 ……
6의 배수 : 6, 12, 18 ……

어때? 신기하지? 이렇게 서로 공통이 되는 배수를 '공통인 배수'라는 뜻으로 **공배수**라고 불러.

공배수 중에서도 가장 작은 공배수는 **최소공배수**라고 부르지. 이때 최소는 가장 작다는 뜻이야. 최소공배수는 말 그대로 공통인 배수 중 가장 작은 수를 말하는 것이지.

배수는 계속해서 커지는 수니까, 끝이 없어. 하지만 약수는 달라.

약수는 무리를 짓는 수라는 뜻이 있어. 묶어서 나눌 수 있는 수란 뜻이지. 예를 들어 살펴볼까?

3의 약수 : 1, 3
9의 약수 : 1, 3, 9
15의 약수 : 1, 3, 5, 15

어때? 딱 세 수의 약수 중 공통인 약수가 눈에 딱 띄지? 맞아. 1과 3이지. 이렇게 공통이 되는 약수를 '공통인 약수'라는 뜻으로 **공약수**라고 불러.

눈치가 빠른 친구라면 공약수엔 무조건 1이 들어간다는 것도 알아차렸겠지? 모든 수는 자기 자신과 1을 약수로 갖기 때문이야. 1은 모든 수를 나눌 수 있는 아주 특별한 수야.

12의 약수 : 1, 2, 3, 4, 6, 12
15의 약수 : 1, 3, 5, 15
12와 15의 공약수 : 1, 3

공약수 중에서도 가장 작은 약수는 당연히 1이야. 공약수 중에서 가장 큰 약수도 있어. 이걸 가장 큰 약수라는 뜻으로 **최대공약수**라고 부르지.

최소(最小) : 가장 작은
최대(最大) : 가장 큰

최소한(最小限) : 할 수 있는 한 가장 작게
최대한(最大限) : 할 수 있는 한 가장 크게

최고령(最古齡) : 가장 오래된 나이, 가장 나이가 많은 사람을 일컫는 말
최연소(最年少) : 가장 어린 사람을 일컫는 말

최근(最近) : 얼마 되지 않은, 가장 가까운
최초(最初) : 맨 처음, 가장 빨리

다음 이야기에 어울리는 단어를 보기에서 찾아서 괄호 안에 써넣으세요.

> **보기** 최고, 최근, 최초, 최대, 최소

 다솜아, 그래서 공약수 중에서 가장 큰 수는 뭐라고 부른다고 했지?

 가장 큰 공약수니까, (　　　)공약수지.

 아하, 알겠다. 가장 큰 수라서 (　　　)공약수라고 하는구나?

 응, 그렇다니까.

 그럼, 가장 작은 공약수를 가리키는 말도 있겠네?

 당연하지! 1이 있잖아. 1은 공약수 중에서 가장 작지.

 그럼 난 1에게 오늘부터 이름을 붙여 줄 거야.

 뭐라고 붙일 건데?

 너는 앞으로 (　　　) 공약수라고 해 줄게, 히히.

서로 반대되는 말끼리 줄로 이어 보세요.

최소 • • 최연소

최대한 • • 최대

최고령 • • 최소한

규칙을 찾아라

환이가 주변을 둘러보면서 고개를 갸우뚱했다.

"와, 여긴 또 어디야."

바닥에 복잡한 도형들이 여기저기 널려 있고, 숫자들과 모양들이 뒤섞여 있었다. 미오가 쌓인 도형을 피해 폴짝폴짝 뛰었다.

"온통 뒤죽박죽 섞여 있는데?"

"으으, 설마 이거 다 원래대로 맞춰 놓으란 건 아니겠지?"

환이가 숨을 크게 들이마셨다. 다솜이가 주변을 둘러보더니 고개를 절레절레 저었다.

"설마……. 이건 너무 많아."

"마스터 M, 우리도 마음의 준비가 필요하다고."

환이가 투덜거렸다.

그때 띠링, 하고 환이와 다솜이 눈앞에 투명 창이 떠올랐다.

> 준비되셨으면 시작하겠습니다.
> 이곳은 본래 일정한 규칙대로 움직이는 세상이었습니다.
> 하지만 위대한 개척자님이 교과서 세상을 뒤죽박죽 만드셨지요.
> 교과서 세상을 원래대로 되돌리고 싶다면
> 도형이나 수가 놓인 규칙을 찾아
> 이들을 제자리에 두셔야 합니다.
> 게임을 시작할까요?

"하아, 어쩔 수 없지. 하자, 환아."

다솜이가 단호하게 고개를 끄덕였다. 환이가 한숨을 푹 쉬었다.

"좋아. 문제 내 줘."

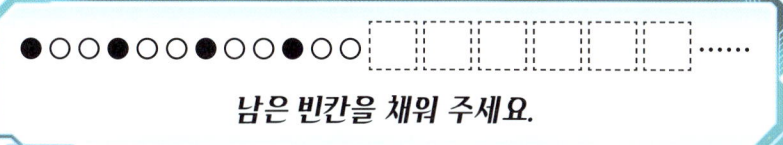
남은 빈칸을 채워 주세요.

"응? 에이, 이 정도야 쉽지."

환이가 마법의 칠판을 불러와 빈 자리에 순서대로 그려 보았다.

"검정, 하양, 하양, 검정, 하양, 하양…… 이 규칙대로 가면 돼. 검정, 하양, 하양, 검정, 하양, 하양."

그러자 투명 창 위로 금화가 짤랑거리면서 떨어져 내렸다.

"환아, 이것도 할 수 있지?"

"응. 할 수 있어."

환이는 중얼거리면서 칠판에 답을 그려 넣었다.

"검정, 하양, 하양, 회색, 검정, 하양, 하양, 회색…… 이 순서라면 검정, 하양, 하양, 회색, 검정, 하양. 이렇게 하면 되지?"

허공에서 또다시 금화가 떨어져 내렸다. 이어서 투명 창에 다음 문제가 떠올랐다.

$$7 \times 1002 = 7014$$
$$7 \times 10002 = 70014$$
$$7 \times 100002 = ?$$

"이 문제를 풀라는 건가? 그럼 앞의 식은 뭐지?"

환이가 으아아, 소리를 내면서 머리를 쥐어뜯었다. 환이가 잠시 고민하다 분필을 들고 칠판에 문제를 풀기 시작했다. 하지만 숫자가 크다 보니 시간이 걸렸다.

"아, 빨리, 빨리……."

환이가 마지막 문제 곱셈을 하려는데 미오가 환이의 바짓단을 잡아당기면서 야옹, 하고 우는 소리를 냈다.

"왜? 나 이거 풀어야 해. 이거 놔. 미오."

하지만 미오는 한사코 바짓단을 놓지 않았다.

"뭐야. 설마, 이거 계산해서 푸는 문제가 아니라, 규칙을 찾는 문제라는 거야?"

그제야 미오는 환이의 바짓단을 놓아주었다. 환이는 곰곰이 생각하면서 숫자들을 노려보았다.

"0, 그 다음은 00, 그럼 이번엔 000인가? 흐음, 그렇다면 이번 답은 700014인가?"

환이가 칠판에 답을 써넣자마자 금화가 우수수 떨어지더니, 투명 창이 반짝거리면서 다음 문제로 넘어갔다.

"그러네! 이거 계산해서 푸는 문제가 아니었어. 규칙을 찾아야 하는 문제야. 좋았어. 뚫어지게 보고, 반드시 맞힌다."

하지만 다음 문제는 만만치 않았다. 환이는 한참 이마를 찌푸리며 몇 번이고 문제를 살폈지만, 도저히 풀 수 없었다.

"다솜아, 어떻게 푸는지 모르겠어. 이게 뭐야."

★표시된 칸에 알맞은 수를 넣으세요.

1	2	5
		10

3	5	7
		33

4	5	6
		39

★	5	5
		40

"이게 뭐지?"

다솜이도 문제를 들여다보았다.

"곱셈인가? 1하고 2하고 5를 곱하면 10이 되잖아. 어? 근데 두 번째 표에는 맞지 않네? 나누어야 하나?"

환이와 다솜이가 한참을 이렇게 저렇게 시도해 보았지만, 좀처럼 답이 나오질 않았다.

"와, 모르겠어. 어떤 규칙이 있는지 모르겠는데?"

"다솜아, 우리 칠판에게 도와달라고 하자. 힌트를 달라고 해."

그러나 칠판 한가운데에는 아무것도 떠오르지 않았다. 그때 다솜이가 칠판 아래쪽에서 반짝이는 작은 숫자를 발견했다. 1/3이라고 표시되어 있었다.

"이게 무슨 뜻이지?"

다솜이가 잠시 생각해 보더니 환이에게 물었다.

"우리가 이제까지 힌트를 몇 번 받았지?"

"……아까 96의 약수의 개수 구할 때 한 번 받았잖아."

다솜이가 한숨을 푹 쉬었다.

"이게 힌트를 받을 수 있는 횟수인가 봐. 이제 힌트가 딱 두 번밖에 안 남았다는 건데, 어쩌지?"

"어쩔 수 없어. 이번에 힌트를 쓰자."

다솜이와 환이는 마법의 칠판에게 도움을 요청했다. 차라랑, 소리가 나면서 칠판 위로 동그란 고리가 두 개 나타났다.

"이 고리는 어디에 쓰는 거지?"

고개를 갸우뚱하는 사이, 고리가 둥둥 떠가더니, 투명 창에 있는 숫자들 위에 찰싹 달라붙었다.

"으응? 첫 번째 고리는 1하고 2를 묶고, 두 번째 고리는 5하고 10을 묶었어."

"표 전체에 적용되는 규칙일 텐데……. 이게 무슨 뜻일까?"

다솜이와 환이는 다시 골똘히 생각에 잠겼다.

"아, 고리가 힌트라고 했으니까, 고리에 묶인 대로 수를 먼저 더해 보자."

환이가 분필을 들고 칠판에 문제를 다시 또박또박 적어 내려갔다.

"첫 번째 표에서 1하고 2를 더하면 3이잖아. 5하고 10을 더하면 15고."

"이것만 가지고는 모르겠는걸. 다음 표도 볼까?"

다솜이가 고개를 갸우뚱하며 말했다.

"두 번째 표에서 3하고 5를 더하면 8, 7하고 33을 더하면 40이야."

"3과 15…… 그리고 8과 40……. 무슨 관계가 있나?"

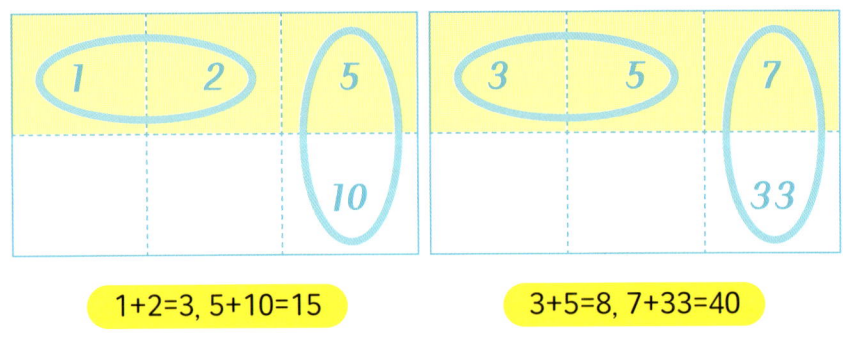

1+2=3, 5+10=15　　　3+5=8, 7+33=40

다솜이가 중얼거렸다. 그 얘기를 듣고, 환이는 머릿속에 불이 들어온 듯했다.

"아, 혹시 이거 아닐까?"

환이가 신나서 목소리가 높아졌다.

"다솜아, 첫 번째 표를 봐. 앞의 두 수를 더한 3에 5를 곱하면 15가 돼."

"그런데?"

"두 번째 표에서도 앞의 두 수를 더한 8에 5를 곱하면 뒤의 두 수를 더한 40이 나오잖아!"

실마리가 잡히자 다솜이도 신이 났다.

"그럼 세 번째 것도 해 볼까?"

"4하고 5를 더하면 9가 되고, 6하고 39를 더하면 45가 돼. 9와 5를 곱하면?"

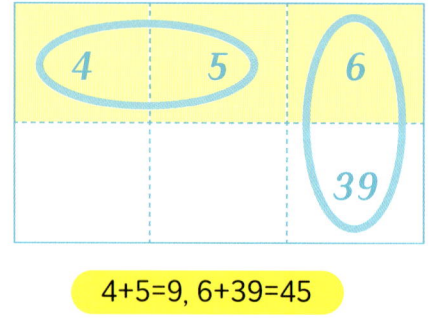

4+5=9, 6+39=45

"45잖아! 첫 번째 묶음을 더한 수에 5를 곱하면 두 번째 묶음을 더한 수인가 보네!"

다솜이가 짝, 손뼉을 쳤다. 환이가 이어서 설명했다.

"그러니까 네 번째 표에서는 ★하고 5를 더한 다음에 5를 다시 곱한 수가 45가 돼야 해. 그러면 여기 들어갈 숫자는……."

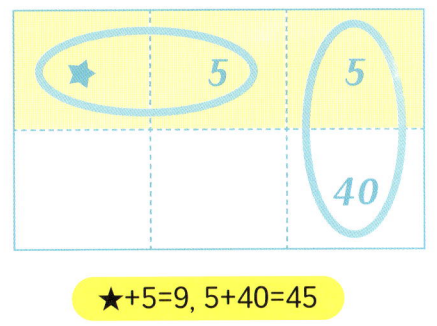

★+5=9, 5+40=45

환이와 다솜이 눈이 허공에 딱 마주쳤다. 환이와 다솜이의 얼굴에 누가 먼저라고 할 것도 없이 동시에 웃음이 번졌다.

"4!"

> 쉬운 문제가 아니었는데,
> 용케 통과하셨군요. 잘하셨습니다.
> 마지막 문제를 만나 보시겠습니까.

"으아아……. 문제가 또 있어?"

환이가 질린 듯 고개를 흔들었다.

투명 창에 문제가 나타났다.

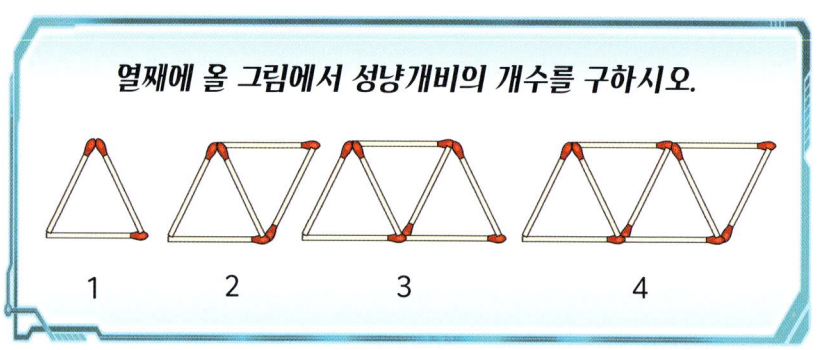

"이건 어떻게 푸는 거야?"

"규칙을 찾아봐야지."

다솜이와 환이는 성냥개비의 개수가 늘어나는 규칙이 무엇인지 곰곰이 생각에 잠겼다.

"첫째는 성냥개비 수가 3, 둘째는 5, 셋째는 7, 넷째는 9네. 그럼 다섯째는 뭐지?"

"엇, 알겠다. 성냥개비가 두 개씩 늘어나고 있어."

환이가 성냥개비를 가리켰다.

"응. 정말 그렇네. 그래서 3, 5, 7, 9로 늘어난 거야."

"에이, 간단하네. 그럼 열 번째는 어떻게 될까."

"3, 5, 7, 9, 11, 13, 15, 17, 19, 21이니까……."

"21?"

환이와 다솜이가 동시에 답을 외쳤다. 허공에서 짤랑거리면서 금화가 떨어져 내렸다.

환이와 다솜이가 동시에 침을 꿀꺽 삼켰다.

> **문제를 맞혀서 마지막 라운드에 진출할 기회를 얻으셨습니다.
> 다음 라운드에 도전하시겠습니까.**

"우리가 할 수 있을까."

미오가 무서워졌는지 다솜이의 품으로 폴짝 뛰어들었다. 지금까지 어려운 문제가 많았지만, 환이와 다솜이는 용감하게 함께 해결해 왔다.

"좋아, 마지막 라운드로 가 보자."

"응. 좋아. 해 보자."

환이와 다솜이가 고개를 끄덕였다. 다음 순간, 둘이 서 있던 자리는 전혀 뜻밖의 공간으로 변해 있었다.

★재미있는★ 수학 이야기

아르키메데스는 무려 기원전 287~212년에 살았던 수학자야. 아르키메데스는 고대 시대 가장 위대한 수학자로 손꼽혔던 사람이야. 고대 시대에 가장 위대한 수학자라니, 어떤 업적을 남겼을지 궁금하지?

아르키메데스는 시라쿠사의 히에로 2세라는 왕에게 부탁을 하나 받게 돼. 왕이 금세공업자에게 순금을 주고 왕관을 만들었는데, 받고 보니 찜찜했던 거지. 이 금세공업자가 순금으로만 왕관을 만든 게 아니라, 은을 섞은 게 아닐까 의심스러웠던 거야.

아르키메데스는 왕관에 은이 섞였는지 아닌지를 어떻게 알아낼 수 있을지 고민하기 시작했지. 그러다가 우연히 욕조에 들어가서 목욕을 하게 됐어. 그런데 욕조에 들어가자마자 물이 흘러넘쳤어.

순간, 아르키메데스는 깨달았지. 욕조에서 흘러넘친 물의 양이 물속으로 들어간 자기 몸의 부피와 같다는 사실을 말이야.

"이럴 수가, 드디어 알아냈다!" 아르키메데스는 너무나 놀랍고 기뻐서 발가벗은 채 뛰쳐나가서 유레카를 외쳤대. 유레카는 그리스어로 '발견했다' 라는 뜻이 있거든.

세상의 모든 물체는 각자 부피를 가지고 있어. **부피**는 어떤 물체가 차지하는 공간의 크기를 말한다고 했지? 우리가 지금도 사용하는 부피를 구하는 원리를 그 먼 옛날에 깨달았으니, 아르키메데스는 정말로 대단한 수학자였던 모양이야. 예를 들어 볼게.

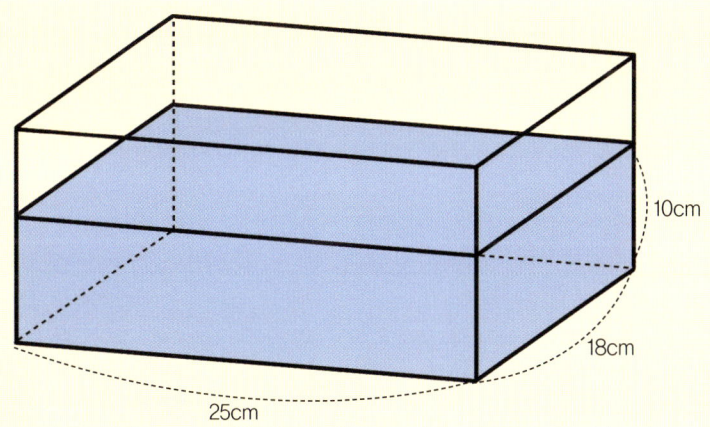

아르키메데스의 원리를 이용하면 물체의 부피를 이렇게 알아낼 수가 있어. 우선 이 직육면체 모양 물통은 가로가 25cm, 세로가 18cm, 높이가

10cm고, 부피 = 가로×세로×높이니까, 부피를 나타내는 단위 ㎤(세제곱센티미터)를 써서 부피를 구할 수 있지. 이 물통의 부피는 25×18×10=4500㎤이야.

그런데 금덩어리를 넣었더니, 2cm가 높아졌어. 금덩어리를 넣었을 때의 부피는 25×18×12=5400㎤이야. 금덩어리를 넣었을 때와 넣지 않았을 때의 차이를 구하려면, 두 부피의 차를 구하면 되겠지.

5400㎤-4500㎤=900㎤

어때? 어렵지 않지? 입체도형의 부피는 이렇게 구할 수가 있어. 평면도형은 높이가 없으니까 부피도 없지만, 대신 넓이는 구할 수 있어. 공간을 차지하고 있는 넓이를 구하는 거니까. 그렇다면 넓이는 어떻게 구하는 걸까. 가로와 세로를 곱하면 얼마나 공간을 차지하는지 넓이를 구할 수가 있어.

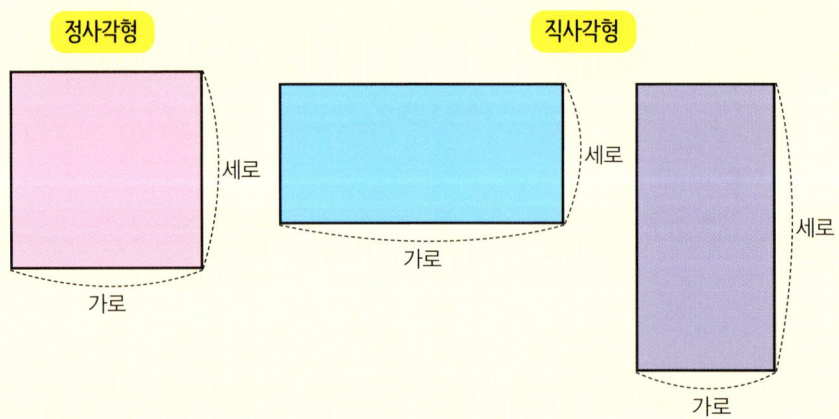

직사각형이든 정사각형이든 가로와 세로를 곱하는 거야. 삼각형은 직사각형을 반으로 쪼갠 모양이기 때문에 사각형을 구하는 값을 둘로 나누면 돼.

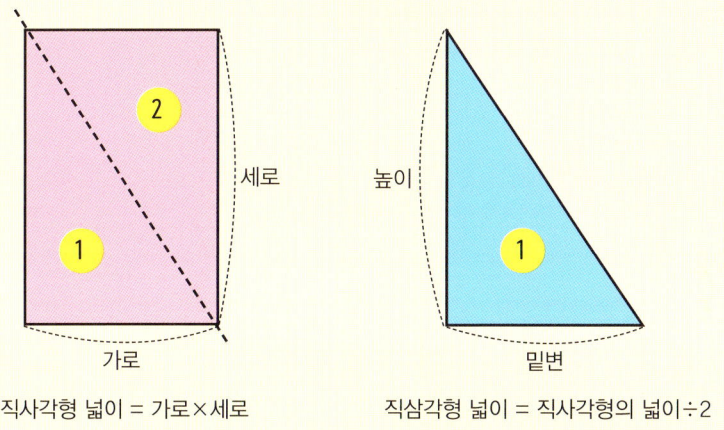

그럼 아래와 같은 삼각형의 넓이는 어떻게 할까?

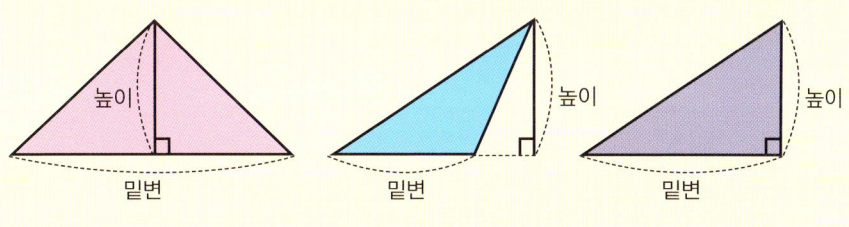

이 삼각형들은 직사각형을 나눈 두 개의 삼각형이 합쳐진 것처럼 볼 수가 있어. 그러니까 이때는 밑변과 높이를 써서 넓이를 구하면 돼. 두 개의 직사각형이 합쳐진 넓이를 둘로 나눈 것처럼 말이야.

운동장의 넓이를 구해라

"여긴 운동장이잖아."

"뭐야, 아까 운동장에서 문제를 다 풀었던 게 아니었어?"

환이와 다솜이가 영문을 몰라서 눈만 끔뻑거렸다. 둘은 다시 학교 운동장 한가운데에 서 있었다. 그때 미오가 갑자기 다솜이 뒤로 숨으면서 야옹, 야옹, 울어 댔다. 털이 바짝 서 있는 것이 무서운 것이라도 본 듯했다.

"어, 왜 그래, 미오?"

다솜이가 미오를 다급히 안아 올렸다. 환이가 운동장 한쪽 구석을 가리키며 떨리는 목소리로 말했다.

"다, 다솜아. 저기 봐. 마스터 M이야."

　마스터 M이 특유의 마법사 복장을 한 채, 망토를 펄럭거리면서 공중에 둥둥 떠 있었다.

　"하하하. 아쉽지만, 이제 마지막 문제군요. 이 문제를 맞힌다면 교과서 세상에서 나가서 현실 세상으로 돌아갈 수 있습니다."

　마스터 M이 담담한 투로 말했다.

　"우리 정말로 바깥 세계로 돌아갈 수 있는 거야?"

　환이가 의심스러운 눈초리로 마스터 M을 바라보았다.

　"물론입니다. 저는 거짓말을 하지 않아요."

　마스터 M이 환이와 다솜이를 내려다보며 씨익 웃었다.

"말은 그렇게 하면서 지난번에도 미오를 데려갔잖아."

환이가 입을 삐죽거리며 말했다.

"사회 교과서에서 빠져나올 때 네가 미오를 데려가는 바람에 우리가 다시 돌아온 거라고."

다솜이도 소리쳤다.

"그야 해결해야 할 문제들이 남아 있었으니까요. 이번 문제를 풀어내신다면 무사히 현실 세상으로 돌아갈 수 있어요."

"정말이지?"

다솜이가 되물었다.

"그렇습니다. 우리 위대한 개척자님들께서 문제를 척척 풀어낸 덕분에 수학 교과서 세상이 너무나 빠르게 제자리를 찾았기 때문입니다."

다솜이가 입술을 깨물며 주변을 둘러보았다. 공중에 둥둥 매달려 있던 숫자들이나 도형들이 어느새 보이지 않았다.

환이가 작은 소리로 물었다.

"마스터 M의 말이 맞는 것…… 같지?"

"응. 우리 제법 잘한 것 같아."

다솜이가 살짝 웃으면서 소곤거렸다.

"근데, 무슨 문제를 풀라고 운동장으로 데려온 걸까."

"그러게 말이야. 무슨 문제를 내는지 두고 보자고. 지금처럼만 하면 얼마든지 해낼 수 있어."

환이와 다솜이가 자신 있게 마스터 M을 바라보았다.

"그럼 마지막 문제입니다."

> 운동장의 넓이를 구하세요. 단, 원주율은 3으로 계산하고, 답은 어림한 값을 구해도 괜찮습니다.

"뭐? 이 운동장의 넓이를 구하라고? 원주율은 또 뭔데?"

순간 다솜이의 표정이 어두워졌다. 환이가 다솜이에게 속닥였다.

"다솜아, 우리 이 문제 풀 수 있는 거지?"

다솜이가 빠르게 고개를 저었다.

"안 돼."

"왜 안 되는데?"

"운동장의 넓이를 구하려면 원의 넓이를 구할 수 있어야 해."

환이가 눈이 동그래져서 다솜이에게 물었다.

"원의 넓이? 그걸 어떻게 구하지? 나는 잘 모르지만, 다솜이 너는 풀 수 있잖아."

"아니. 원의 넓이 구하는 건 우리가 아직 배우지 않은 거야."

환이가 놀라서 히익, 소리를 냈다.

"뭐? 그럼 너도 못 풀어?"

"그래. 나도 어떻게 푸는지 모른다고."

다솜이가 못 푸는 문제라면 환이도 당연히 풀 수 없었다.

"아직 안 배운 문제를 낼 줄은 몰랐어."

다솜이 얼굴에 당황스러움이 가득했다. 당황스럽기는 환이도 마찬가지였다. 미오는 꼬리를 내리고 야옹, 작게 소리를 냈다.

"그럼…… 어떻게 하지?"

환이가 투명 창의 문제를 바라보며 골똘히 생각에 잠겼다. 그때 투명 창에 번쩍이는 아이콘이 보였다. 이거다!

"마스터 M, 금화를 많이 모았으니까, 이 금화로 마법의 아이템을 살 수 있게 해 줘."

"마법의 아이템이라고요?"

환이의 투명 창에는 금화가 200개 가까이 쌓여 있었다.

"응. 나한텐 금화가 거의 200개 있으니까, 이걸로 마법의 아이템을 살래."

보너스 문제를 풀어 얻었던 마법의 칠판이 매우 유용했으므로, 잔뜩 쌓인 금화를 써서 어떤 아이템을 받을 수 있을지 상상

하자 환이와 다솜이의 마음이 살짝 두근거렸다.

"흠, 그렇다면 원하시는 대로 해 드리겠습니다. 마법의 아이템과 금화를 바꾸시겠습니까."

"응. 그렇게 해 줘."

다솜이가 재빨리 외쳤다.

"좋습니다."

허공에서 짜라란, 소리가 나면서 정사각형 모양의 색종이 한 장이 팔랑거리면서 떨어졌다. 큼직한 색종이에는 20cm라고 쓰여 있었다.

환이가 크게 실망한 표정으로 마스터 M에게 항의했다.

"이게 뭐야. 금화를 이렇게나 줬는데, 고작 20cm짜리 정사각형 색종이 한 장이라고?"

"무시하지 마세요. 그건 마법의 아이템입니다. 그럼, 저는 여러분이 문제를 풀고 교과서 세상을 빠져나가시길 기대해 보겠습니다. 후후."

마스터 M은 망토를 휘날리면서 하늘 위로 휙 떠올랐다.

"이게 마법의 아이템인 데에는 이유가 있을 텐데……. 어떻게 쓰라는 거지?"

환이가 한 손으로 색종이를 집어 들고 유심히 바라보았다.

"일단 색종이가 20cm라는 걸 알았으니까, 운동장 길이를 재는 데 쓸 수는 있겠다."

다솜이가 마법의 칠판을 불러와서 분필로 운동장 그림을 그렸다.

"운동장은 이렇게 생겼잖아."

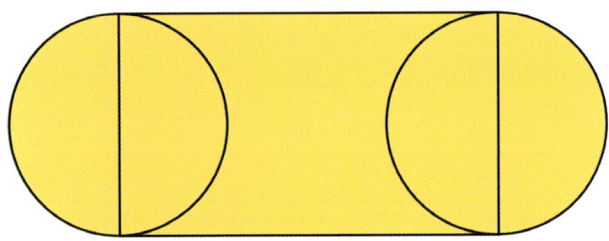

다솜이가 그린 그림을 보고, 환이는 이 그림이 익숙한 도형의 조합이라는 사실을 깨달았다.

"아아, 이렇게 보니까 원이 두 개가 있었구나. 근데 직사각형에 가려져서 원의 반쪽은 안 보이잖아. 그러니까, 이렇게 되겠네!"

환이가 직사각형 안쪽 겹쳐진 원의 부분을 쓱쓱 지웠다.

"맞아! 그러면 원의 반쪽인 반원이 두 개 있으니까, 원 하나가 있는 거랑 똑같아. 원 하나의 넓이를 구하면 되겠다."

"나머지는 직사각형이니까, 직사각형의 넓이를 구하면 되고?"

"응. 그거야."

"직사각형의 넓이를 구하려면 가로와 세로의 길이를 구해서 서로 곱하면 돼."

"우아, 환아. 너 이제 수학 박사가 다 됐다!"

다솜이가 활짝 웃었다.

"미오, 가로의 길이를 구할 수 있을까."

말이 끝나기가 무섭게 미오가 힘껏 펄쩍 뛰었다. 마법의 색종이가 휘리릭 하고 날아가더니, 미오가 처음 뛴 자리에 납작하게 드러누웠다. 이어서 펄럭 몸을 한 번 뒤집어 미오가 착지한 지점에 닿았다.

"색종이 한 장이 20cm인데, 두 장이 들어가는 만큼이니까, 미오가 한 번 뛰면 40cm가 되는 거야."

"좋아. 미오가 한 번 뛸 때마다 40cm라고 생각하면 되겠다."

미오는 환이와 다솜이가 운동장 길이를 잴 수 있도록 천천히 달리기 시작했다. 미오는 운동장을 따라서 200번을 뛰었다.

"미오가 달린 가로는 40cm씩 200번이야. 8000cm네."

"8000cm가 m로는 얼마일까?"

마법의 칠판에 천천히 식이 나타났다.

1m=100cm

"1m가 100cm면, 1000cm면 10m야."

"음, 그러면 8000cm면 80m야."

다솜이와 환이가 계산을 마치자마자 미오가 다시 야옹, 하고 울었다.

"좋아, 미오. 다시 세로를 재어 보자. 한 번 더 부탁해."

미오가 바람같이 다시 달렸다.

"한 번, 두 번…… 열 번, 스무 번……. 아, 50번이네."

"좋아, 그러니까 미오가 달린 세로의 길이는 40cm씩 50번, 2000cm고, 그러면 20m겠네."

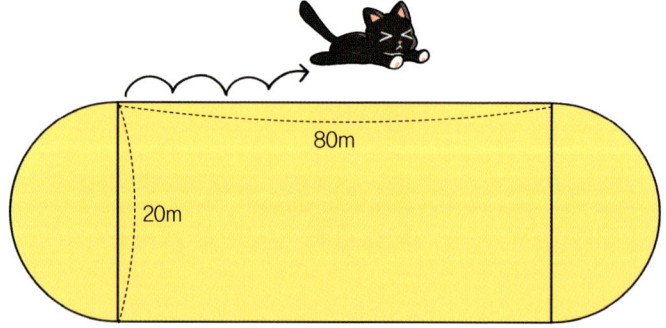

"앗, 그러면 운동장의 이 직사각형 넓이는 구할 수 있어."

다솜이가 칠판에 식을 써넣었다.

80m×20m=1600㎡

"그럼 이제 원의 넓이가 남았어. 이 원의 넓이는 어떻게 구하는 걸까."

그때, 다솜이와 환이 앞에서 색종이가 짜라란, 소리를 내면서 원 모양으로 변하기 시작했다. 순식간에 여덟 조각으로 잘린 원의 조각이 아래위로 끼워 맞춰지며 칠판 위에 나란히 배열됐다.

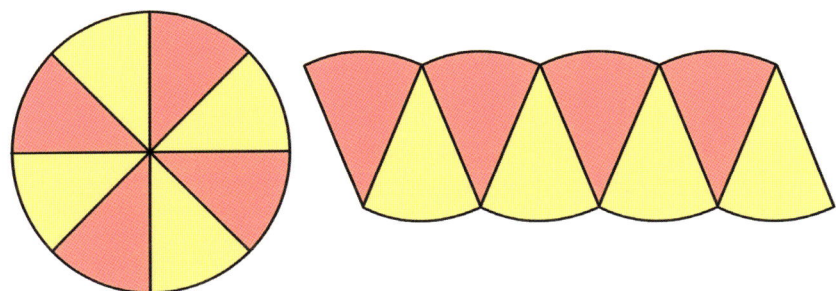

"이거 진짜 마법의 색종이구나? 여덟 조각으로 나누어진 원은 이렇게 나란히 붙일 수 있네?"

환이가 신기한 듯 합쳐진 색종이 조각을 바라보았다.

휘릭, 소리가 나며 색종이가 이번엔 열여섯 조각으로 잘리고 긴 네모 모양으로 맞춰졌다.

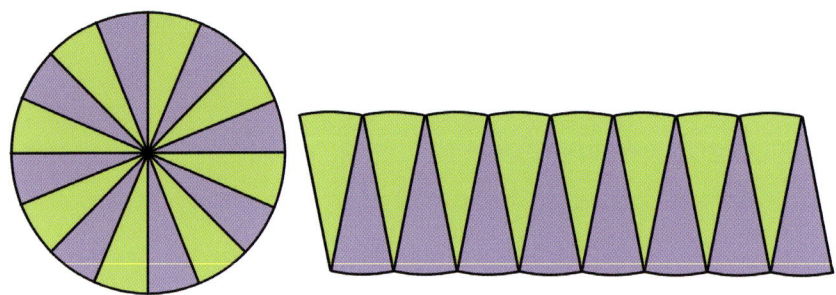

"열여섯 조각으로 자르면 올록볼록한 곡선 부분이 더 줄어들어."

"만약…… 원을 더 잘게 자른다면? 거의 직사각형에 가까워지는 거 아니야?"

그러자 그 말을 알아들은 듯, 색종이가 이번엔 더 잘게 쪼개져 직사각형에 더 가까운 모양으로 순식간에 재배열됐다.

아아, 하는 소리와 함께 환이와 다솜이가 동시에 외쳤다.

"와아, 이제 알겠어."

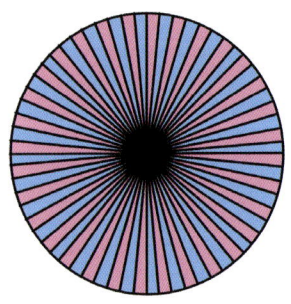 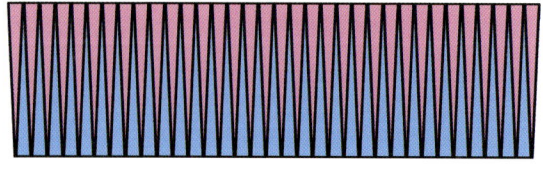

"결국 원은 잘게 쪼개서 나눠지면 이렇게 점점 직사각형 모양이 되겠지."

"그러니까, 이 도형의 넓이를 구하려면 직사각형 넓이를 구할 때처럼 가로 길이와 세로 길이를 곱하면 되는 거지. 세로는 반지름이고, 가로는 원의 둘레의 반이겠지."

환이가 고개를 갸웃하며 물었다.

"반지름이 지름의 반이지?"

"응, 그건 수업 때 들었잖아. 원의 중심과 원 위의 한 점을 이은 선분이 반지름이야."

다솜이가 원 위에 반지름과 지름을 표시했다.

"맞다. 기억나!"

정답에 가까워지자 환이와 다솜이는 신이 났다. 미오도 기쁜 듯 우다다다 운동장을 달렸다.

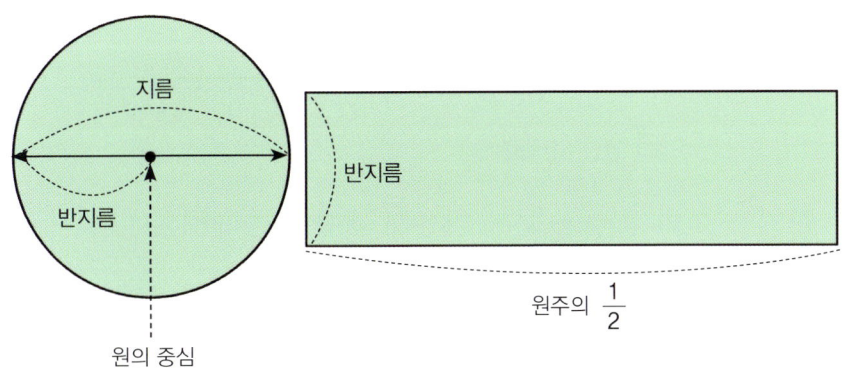

"지름은 아까 구했던 운동장의 세로랑 같잖아. 세로는 20m였어. 그럼 지름의 반절이니까, 반지름은 10m겠네."

"앗, 그럼 운동장의 넓이를 구할 수 있겠다. 정확한 값은 아니어도 말이야."

다솜이의 눈이 반짝반짝 빛났다.

"아하, 그래서 어림한 값으로 대답해도 된다고 한 거야. 원의 넓이를 정확하게 구할 수는 없을 테니까 말이야."

다솜이가 칠판에 식을 다시 써넣었다.

"그럼 원의 넓이는······."

$$원주의 \frac{1}{2} \times 반지름 = 원주의 \frac{1}{2} \times 10m$$

"여기서 원주는 원의 둘레를 말하는 거야. 원의 둘레는 음······ 어떻게 구하지?"

환이와 다솜이는 마주보며 서로가 무언가를 떠올리기를 바랐다. 하지만 아무리 수업을 열심히 들은 학생이라도 배우지 않은 걸 떠올릴 수는 없는 법이다.

환이는 점점 초조해졌다. 이렇게 교과서 세계에 갇히고 마는 걸까? 환이는 여차하면 마스터 M과 싸워야겠다고 마음먹었다.

그때, 다솜이가 모두가 잊고 있던 것을 떠올렸다.

"우리 마지막 힌트가 남았잖아! 마법의 칠판, 힌트를 줘."

다솜이의 말에 칠판 아래쪽에서 반짝이던 2/3이 3/3으로 바뀌며, 스르르 힌트가 나타났다.

원주=지름 × 원주율

"앗, 원주율이 3이랬잖아. 그럼 원주는 지름인 10m×3=30m 겠네! 그러면……."

환이가 다솜이에게서 분필을 넘겨받아 바로 칠판 위에 식을 써 내려가기 시작했다.

$$30m \times \frac{1}{2} \times 10m = 15m \times 10m = 150m^2$$

"원의 넓이는 150㎡야!"

"그럼, 운동장의 넓이는…… 원의 넓이 150㎡와 아까 구한 직사각형 넓이 1600㎡를 더하면 돼. 답은 1750㎡다!"

환이가 내내 둘을 지켜보고 있던 마스터 M을 향해 소리쳤다.

"마스터 M, 우리가 맞혔지? 운동장 넓이는 1750㎡야!"

　공중에 떠 있던 마스터 M이 미오와 다솜이, 환이 앞으로 천천히 내려왔다.

　"어때? 우리가 이겼지?"

　환이와 다솜이가 자신만만한 표정으로 물었다. 미오를 품에 안은 다솜이가 마스터 M에게 자신 있게 말했다.

　"이기면 내보내 준다고 했지? 미오도 같이 보내 준다고 아까 분명히 말했어."

　"흐으음……."

　마스터 M이 미처 대답하기도 전에 우르릉 소리가 나면서 운동장 너머 하늘이 점점 어둡게 변해 갔다.

"어서 내보내 줘. 현실 세계에서 우리 수업은 아직 다 안 끝났다고."

환이가 히죽거리며 말했다.

"좋습니다. 약속은 약속이니까요. 하지만 이렇게 교과서 세계가 무너질 정도로 책에 낙서한다면 언제든 이곳으로 되돌아올 수 있다는 것 잊지 마세요."

"미오는? 미오도 데려가도 되는 거지?"

"좋습니다. 미오도 데려가십시오. 이제 이곳은 위대한 개척자님의 노력으로 모든 것이 원래대로 되돌아갔습니다. 저의 마법은 여기까지입니다."

마스터 M이 왠지 쓸쓸한 표정으로 망토를 휙, 하고 감쌌다. 마스터 M의 모습이 스스슷, 하고 희미해지는가 싶더니, 어디선가 세찬 회오리바람이 불어왔다.

"으으아, 이건 또 웬 바람이야."

다솜이와 환이가 미오를 힘껏 끌어안고 눈을 질끈 감는 순간, 우르릉 소리가 귓가에 요란하게 울려 퍼졌다.

다시 현실 세상으로

"다솜아…… 다솜아…… 박다솜!"

환이가 멍하니 옆에 서 있는 다솜이를 불러 댔다. 다솜이는 퍼뜩 정신이 들었다. 그렇지만 주위가 어두워 어디에 있는지 좀처럼 가늠하기 어려웠다.

"아직도 교과서 세상은 아니겠지?"

다솜이는 긴장한 표정으로 주변을 둘러보았다. 대답이라도 하듯 빗소리와 함께 우르릉 쾅, 하는 요란한 천둥소리가 창밖에서 들려왔다.

"아닌가 봐. 도서관으로 돌아왔어. 아까 교과서로 들어가기 전이랑 똑같아."

정말 돌아온 것인지 환이의 표정이 밝았다. 비로소 다솜이도 마음이 놓여 한숨을 쉬었다.

"하아, 다행이다. 그럼 미오는?

"미오! 미오는 어디 갔지?"

환이와 다솜이가 놀란 눈으로 서로를 바라보았다. 다솜이 품에 안겨 있던 미오가 사라지고 없었다.

환이가 불안한 표정으로 다솜이를 힐끗 쳐다봤다.

"혹시…… 마스터 M이 또 데려간 거 아니야?"

"그럴 리 없어. 약속을 지킨댔잖아."

"너 미오랑 같이 나온 거 맞아? 으으, 설마 또 교과서로 들어가야 하는 건 아니겠지?"

초조해진 환이가 발을 굴러 댔다.

그때였다. 책장 사이로 타박타박, 발소리가 들렸다.

"아니야. 나 여기 있어."

까만 원피스를 입은 여자아이가 천천히 다솜이와 환이 앞으로 걸어왔다.

"어, 어어어?"

환이와 다솜이는 여자아이를 금세 알아봤다. 둘이 사회 교과

서 속을 여행했을 때 데리고 나오지 못한 그 아이였으니까.

마스터 M의 마법에 걸려 고양이가 된 미오의 본 모습이었다. 환이와 다솜이의 심장이 쿵쾅거렸다.

"미오? 미오 맞지?"

"기억하고 있었구나. 고마워. 너희들 덕분에 드디어 현실 세계로 돌아왔어."

미오의 눈에 눈물이 글썽글썽했다.

환이가 미오의 몸이 점점 희미해지고 있는 걸 알아차렸다.

"어? 근데 네 몸이……?"

"미오야, 너 또 마스터 M에게 끌려가는 거 아니야?"

다솜이가 미오의 손을 붙들었다. 미오의 손이 따듯해서 다솜이는 마음이 조금 놓였다.

"난 이제 내가 있던 곳으로 돌아가게 됐어. 내가 왔던 도서관으로 돌아가기 전에 너희에게 인사하려고 들렀어."

"정말이야?"

환이가 아직 미심쩍은 듯 도서관 책상에 놓인 수학 교과서를 힐끗 쳐다보았다. 교과서는 마법의 힘을 잃은 듯 그 자리에 놓여 있었다. 다솜이도 미오의 눈을 바라보며 다시 물었다.

"너 집으로 돌아가는 거 맞지? 마스터 M에게서 완전히 풀려

난 거지?"

"응, 마스터 M의 마법은 완전히 풀렸어. 이제 나도 집에 돌아갈 수 있어."

미오가 환이와 다솜이를 보며 환히 웃었다. 환이가 뿌듯한 표정을 지으며 말했다.

"네가 도와줘서 마스터 M의 시험을 통과할 수 있었어. 네가 없었으면 우리도 교과서 세상에서 빠져나오지 못했을지도 몰라."

"맞아. 네가 있어 든든했어."

다솜이가 미오의 손을 꽉 잡으며 덧붙였다. 미오가 부끄러운 듯 웃었다.

"나는 교과서 세상에 오래 갇혀 있었거든. 너희들이 포기하지 않고 문제를 풀어 줘서 다행이야. 정말 고마워."

미오가 울먹이는 다솜이를 끌어당겨 꽉 안아 주었다.

"정말 고마워. 너희들의 용감하고 따뜻한 마음 잊지 않을게. 우리 꼭 다시 만나자."

미오가 한 발 물러서서 둘을 바라보았다. 점차 희미해져 잘 보이지 않을 걸 알면서도 미오는 연신 힘차게 손을 흔들었다. 그러고는 어느새 스르르 사라져 버렸다.

미오가 사라져 버린 도서관에는 창밖 빗소리만 희미하게 들렸

다. 마치 아무 일도 일어나지 않은 것 같았다.

환이와 다솜이의 눈이 마주쳤다. 환이가 피식, 웃자 긴장이 풀린 듯 다솜이가 스르륵 자리에 주저앉아 한숨을 쉬었다.

"하아, 이제 모두 끝난 거지? 얼마나 조마조마했는지 몰라. 나 사실 네가 그렇게 수학을 잘할 줄 몰랐잖아."

다솜이가 작게 훌쩍거렸다.

"뭐야. 너 우는 거야? 너 나한테 감동한 거 맞지?"

환이가 여느 때처럼 다솜이를 놀려 댔다. 다솜이가 고개를 획 들어 환이를 쏘아보더니 벌떡 일어섰다.

"아, 아니야. 무슨 소릴 하는 거야. 누가 운대?"

"너 방금 울었잖아. 에이, 다솜이 울보래요. 울보래요!"

환이가 큰 소리로 외치며 도서관 밖으로 도망쳤다.

"너 거기 서. 잡히면 가만 안 둔다!"

다솜이가 환이를 뒤쫓아 복도로 달려 나갔다.

모두가 떠나고 조용해진 도서관에 다시 번개가 번쩍, 하고 빛을 뿜는 찰나, 검은 그림자 하나가 나타났다. 마법사 모자를 깊이 눌러쓴 마스터 M이었다. 마스터 M은 흐뭇한 표정으로 후후, 하고 웃었다.

"후후, 생각보다 잘해 주었어. 영리한 친구들."

마스터 M의 표정이 몹시도 흡족해 보였다. 마스터 M 옆에는 아름다운 검은 드레스를 입은 여성 마법사가 서 있었다. 마법사는 가볍게 고개를 저었다.

"마스터 M 당신은 어린 친구들을 너무 괴롭히는 경향이 있어요. 당신이 어린 친구들의 공부를 돕고 싶은 마음이야 잘 알지만 말이에요."

"쳇, 이해하면 결국 좋아하게 되는 법이라고. 그럼 어디, 교과서에 낙서한 친구들을 또 찾으러 가 볼까."

다시 한번 번개가 번쩍 쳤을 때 두 사람의 모습은 어디에도 없었다.

정답

76쪽

- 모자 — 엄마와 아들
- 구분 — 일정한 기준에 따라 나누는 것
- 분수 — 자연수를 나눈 수

마방진은 어느 방향으로 더해도 같은 수가 나오잖아.

그 수를 알면 나머지 빈칸을 채울 수 있겠네!

87쪽

2	9	4
7	5	3
6	1	8

6	7	2
1	5	9
8	3	4

103쪽

오늘은 수학 시간에 도형에 대해서 배웠다.
(각   )이 세 개 있고, 변이 세 개 있고,
(꼭짓점   )도 세 개 있는 도형을
삼각형이라고 한다고 했다.
(사각형   )은 각이 네 개 있고,
(변   )이 네 개 있고, 꼭짓점도 네 개 있다고 했다.

128쪽 최대, 최대, 최소

129쪽

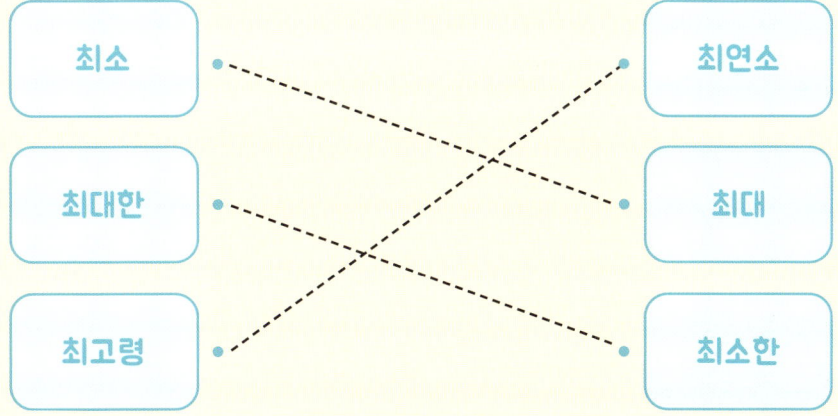

마스터 M과 교과서 대모험 **수학**

1판 1쇄 인쇄 | 2025. 8. 8.
1판 1쇄 발행 | 2025. 8. 20.

김성효 글 | 정수영 그림

발행처 김영사 | **발행인** 박강휘
편집 손영민 | **디자인** 조수현 | **마케팅** 이철주, 양슬기 | **홍보** 조은우
등록번호 제 406-2003-036호 | **등록일자** 1979. 5. 17.
주소 경기도 파주시 문발로 197(우10881)
전화 마케팅부 031-955-3100 | 편집부 031-955-3222 | 팩스 031-955-3111

© 2025 김성효, 정수영
이 책의 저작권은 저자에게 있습니다.
저자와 출판사의 허락 없이 내용의 일부를 인용하거나 발췌하는 것을 금합니다.

값은 표지에 있습니다.
ISBN 979-11-7332-316-4 74810
       978-89-349-2729-7 (세트)

좋은 독자가 좋은 책을 만듭니다. 김영사는 독자 여러분의 의견에 항상 귀 기울이고 있습니다.
전자우편 book@gimmyoung.com | 홈페이지 www.gimmyoungjr.com

| **어린이제품 안전특별법에 의한 표시사항** | 제품명 도서 제조년월일 2025년 8월 20일
제조사명 김영사 주소 10881 경기도 파주시 문발로 197 전화번호 031-955-3100 제조국명 대한민국
사용 연령 8세 이상 ⚠ 주의 책 모서리에 찍히거나 책장에 베이지 않게 조심하세요.